寿登期颐　德厚生光

——李德生院士百岁寿辰纪念集

主　编　蔚远江

副主编　李　玉

科学出版社

北　京

内 容 简 介

本书以2022年10月17日李德生院士百岁寿辰及11月13~14日"李德生院士学术思想研讨会""李德生院士学术座谈会"暨庆典仪式等时间序列为主轴线,优选机构领导、专家学者及李先生友人、弟子的发言材料、贺信、贺词、贺匾、贺文和报刊媒体相关报道与庆典、颁奖活动照片、影集,通过不同视角的回忆、描述和评价,综合展示百岁石油科学家的学术思想与专业创新、治学风范和学术成就、多维生活和感人事迹,以先生期颐之年的人生总结,彰显其优良品德、精湛技术和深远影响。书中附有二维码,可以扫码观看李院士百岁活动视频及中央电视台相关电视纪录片。

本书集百岁院士学术思想研讨、学术座谈发言、事迹成就总结于一体,集名人史料记载、书法匾额艺术展示、照片影集精选之大成,可供地矿行业与科技研究等领域的相关人员阅读参考,可做院校、企业励志和教育读物之用。

图书在版编目(CIP)数据

寿登期颐 德厚生光:李德生院士百岁寿辰纪念集/蔚远江主编. -- 北京:科学出版社,2023.9

ISBN 978-7-03-076615-1

Ⅰ. ①寿… Ⅱ. ①蔚… Ⅲ. ①李德生—纪念文集 Ⅳ. ①K826.16-53

中国国家版本馆CIP数据核字(2023)第184883号

责任编辑:刘翠娜/责任校对:刘 芳
责任印制:师艳茹/封面设计:赫 健

科学出版社 出版
北京东黄城根北街 16 号
邮政编码:100717
http://www.sciencep.com

北京中科印刷有限公司 印刷
科学出版社发行 各地新华书店经销
*
2023 年 9 月第 一 版 开本:890×1240 1/16
2023 年 9 月第一次印刷 印张:14 1/4
字数:260 000

定价:268.00元
(如有印装质量问题,我社负责调换)

编　委　会

寿登期颐 德厚流光

李德生

石油科学家楷模

100

中国石油勘探开发研究院
2022年11月13日

授予：李德生 同志

"石油科学家楷模"

荣誉称号

中共中国石油勘探开发研究院委员会
二〇二二年十一月

荣誉会士证书

李德生

中国地质学会荣誉会士
Honorary Fellow of the GSC

中国地质学会
GEOLOGICAL SOCIETY OF CHINA

**中国地质学会会士是中国地质学会
会员的最高学术称号。**

The Fellow of the Geological Society of China
(GSC) is the highest academic title of the member
of Geological Society of China

RYHS-16

中国地质学会
Geological Society of China

2022 年 11 月 25 日李德生院士获颁中国地质学会荣誉会士证书

李德生院士百岁寿辰庆典暨李德生院士学术思想

第一排左起： 李　宁　　孙金声　　赵文智　　金之钧　　孙龙德　　苏义脑　　胡见义　　翟光明　　李德生　　焦方正
　　　　　　戴金星　　贾承造　　袁士义　　高　福　　李　阳　　王志刚　　沈平平
第二排左起： 廖明书　　穆淑敏　　顾家裕　　芦文生　　侯占宁　　李书骏　　雷　平　　窦立荣　　何文渊　　马新华
　　　　　　李　玉　　李　延　　李允晨　　王小龙　　李　肃　　邹才能　　吕牛顿
　　　　　　贾文荣　　林志芳　　何海清

研讨会代表全体合影（2022 年 11 月 13 日）

第三排左起：李姝影　曹建国　雷　群　郭三林　周其仁　宋　岩　张尔平　邢瑞林　张志松　冯志强

第四排左起：江同文　薛叔浩　陈子琪　张水昌　姜汉桥　吕欣荣　何登发　吕博慧　熊　燕　吕修祥
　　　　　　姜仁旗　张　兴　王喜双　李　薇　王凤江　闫建文　张　宇

第五排左起：李伯华　汪永华　蔚远江　齐　洁　李大伟　杨　智　管树巍　唐大麟　朱长喆　王红岩
　　　　　　曹　锋　王建强　赵玉集

庆祝李德生院士百岁寿辰活动

暨学术思想研讨会、学术座谈会成功召开

2022 年 11 月 13 日李德生院士学术思想研讨会，李院士在会上

前　言

　　李德生先生 1922 年 10 月 17 日出生于上海，是举世闻名的石油地质学家、中国科学院院士、第三世界科学院院士，奠基中国石油地质学的世纪功臣。作为我国卓越的地质学家的典型代表，李先生长期从事石油地质勘探开发和地质研究工作，80 年的石油地质生涯，他始终处在中国含油气盆地研究与勘探开发的前沿，成为中国陆相石油地质理论的主要奠基人、陆相砂岩油田开发理论的主要建立者、含油气盆地构造学的开拓者、石油勘探地下地质学研究的先驱。

　　2022 年 10 月 17 日，时值石油功勋前辈李德生先生百岁华诞、从事油气勘探开发事业 80 周年之际，为大力弘扬"严谨治学、求真务实"的科学家精神和"为国担当、奉献祖国"的时代精神，大力弘扬石油精神和大庆精神铁人精神，感召为我国能源事业有所作为的使命感，李先生所在单位和中国石油天然气集团有限公司（以下简称中国石油）相关部门筹备、组织了系列活动，庆典活动定于同年 11 月 13 ～ 14 日举行。

　　中国石油勘探开发研究院于 2022 年 11 月 13 日隆重举行了"李德生院士学术思想研讨会"暨李院士百岁寿辰庆典活动。吕建、李廷栋、翟光明、汪集暘、贾承造、戴金星等 19 位院士，中国石油、中国石化、中国海油和延长石油领导，部分高校和中国科学院领导，大庆油田、辽河油田、西南油气田、大港油田、华北油田、玉门油田和石油工业出版社领导，中国石油勘探开发研究院老领导、老专家以及职工、亲属和学生代表，共 100 余人出席。

　　中国石油于 2022 年 11 月 14 日隆重召开"李德生院士学术座谈会"。集团公司总经理、党组副书记侯启军主持活动，集团公司主要领导、总经理助理、两院院士，相关部门负责同志、相关单位代表等，共 60 余人参加座谈会。南京大学校长、中国科学院院士吕建，中国石化党组成员、副总经理喻宝才，中国海油总裁夏庆龙，延长石油党委书记、董事长兰建文，中国石油副总裁兼大庆油田执行董事朱国文，戴金星院士、贾承造院

士、赵文智院士先后发言。

庆典前后，开展了系列主题宣传活动。一是《地学前缘》杂志和特约主编贾承造院士、赵文智院士、何登发教授、吕修祥教授组稿，出版了《中国含油气盆地构造学与油气分布规律研究进展——庆祝李德生院士百岁华诞专辑》。二是中国石油勘探开发研究院院士工作室策划、编辑印刷了李德生院士的纪念画册，联系、采访、制作了《我是科学人》纪录片。三是庆典活动现场，以展板形式举办了"李德生院士历经风雨作出突出贡献、见证中国石油成长发展的生平事迹和成就"展览。四是在《中国石油报》《科技日报》《中国科学报》《石油商报》及光明网、石油大院 RIPED 公众号、《中国石油企业》等媒体刊发、转发了相关系列报道或纪念文章。

李先生百岁寿辰当天，中国石油勘探开发研究院马新华院长、窦立荣书记等院领导看望李德生院士并贺百岁华诞，送上了生日蛋糕、鲜花和精美纪念品。百岁庆典之后，李先生获央视综艺频道 CCTV3 创新节目组邀请，录制了《我的艺术清单——李德生》节目，于 2023 年 6 月 29 日晚 20：36 在 CCTV3 首播，6 月 30 日 10 点 03 分重播；获中国石油学会推荐，5 月李先生被中共中央宣传部、中国科协、科技部、中国科学院、中国工程院、国防科工局六部门联合评选为 2022 年"最美科技工作者"，央视 CCTV1 频道于 2023 年 7 月 11 日举行颁奖典礼并实况录影，7 月 20 日播出了颁奖节目。

踏遍青山人未老，百年霜华筑新梦！李先生的子女和弟子感怀于先生从上海滩到戈壁滩、从大城市求学到踏遍祖国南北找石油，一生的波澜壮阔和奋斗传奇；聆听着先生"立志、敬业、勤奋、真言"的八字寄语；感动于百岁庆典和系列活动的精彩、回味无穷；感念于石油报国、石油兴国的百岁石油科学家的杰出人生；先生期颐之年的庆典系列资料十分珍贵、值得留念和回馈社会，提议成立编委会，筹备纪念集，并建议将前期院士工作室印制的活动影集合并进来。大家分头收集素材、资料，又几经编撰和修改，于是有了这本《寿登期颐　德厚生光——李德生院士百岁寿辰纪念集》。

纪念集以时间为主轴线，优选两个主题庆典活动中具有代表性的发言材料、贺信、贺词、贺匾、贺文、媒体报道与相关活动照片、影集，主要包括八个部分：①李德生院士学术思想研讨会（中国石油勘探开发研究院）；②李德生院士学术座谈会（中国石油天然气集团有限公司）；③贺信、贺词、贺匾与贺文；④CCTV3《我的艺术清单》节目及观后感言；⑤CCTV1"最美科技工作者"颁奖活动；⑥部分报刊、公众号文章；⑦李德生院士百岁华诞庆典活动影集与相关活动照片集锦；⑧李德生院士携子女感谢文。百岁高龄的李先生全程指导、把关和审改定稿，并亲笔撰写了后记（李德生院士携子女感谢文）。

相信本书的出版，必将对大力弘扬科学家精神有所裨益。其中引用的相关领导、专家发言材料，部分来自会议录音速记稿，对个别史料和相关内容做了修改校正。感谢大家付出的辛勤劳动、给予的诸多关照和关注，在此，谨向筹备、组织、参加庆典和出版活动的各个单位、各个部门的各级领导、各位专家、所有同志表示衷心的感谢和敬意！

目 录

扫码观看视频

《我的百年石油人生》　　　《不老人生》　　　《我的艺术清单》

一、李德生院士学术思想研讨会
（中国石油勘探开发研究院）

/ 1. 会议议程 /

时　间：2022 年 11 月 13 日（星期日）上午 9：00
地　点：中国石油勘探开发研究院北实验区报告厅

时　间	内　容	主持人
09：00-09：15	嘉宾合影	马新华
09：15-09：20	主持人介绍与会嘉宾	
09：20-09：30	播放李德生院士专题片	
09：30-09：35	宣读中国科学院贺信	
09：35-09：40	南京大学吕建院士致辞（视频）	
09：40-09：45	中国石油天然气集团焦方正副总经理致辞	
09：45-10：10	会间休息	
10：10-10：30	赵文智院士作《鄂尔多斯盆地长 7_3 段页岩有机质转化率、排烃率与页岩油主富集类型》的报告	邹才能
10：30-10：50	冯志强教授作《有关沉积盆地成因分类的一些思考》的报告	
10：50-11：10	朱伟林教授作《华南晚中生代陆弧迁移与海域盆地演化》的报告（视频）	
11：10-11：30	何登发教授作《中国多旋回叠合沉积盆地的形成演化、地质结构与油气分布规律》的报告	
11：30-11：35	宣读文件并颁发证书——授予"石油科学家楷模"荣誉证书（中共中国石油勘探开发研究院党委）	
11：35-11：45	李德生院士发表感言	
11：45-12：30	第三餐厅自助午餐	

2022 年 11 月 13 日李德生院士学术思想研讨会，李院士在会上听取嘉宾发言

2022 年 11 月 13 日李德生院士学术思想研讨会会场

（前排左起：胡见义、翟光明、李德生、焦方正、戴金星、贾承造）

2022 年 11 月 13 日李德生院士学术思想研讨会，邹才能副院长介绍嘉宾

2022 年 11 月 13 日李德生院士学术思想研讨会，马新华院长主持会议

/ 2. 南京大学校长、中国科学院院士吕建教授致辞（视频）/

2022 年 11 月 13 日李德生院士学术思想研讨会上吕建校长做视频发言

尊敬的李德生院士，各位领导、各位专家：

大家上午好。在我们的杰出校友、著名石油地质学家李德生院士百年寿诞之际，我谨代表南京大学全体师生，向尊敬的老学长李德生院士致以诚挚的问候和崇高的敬意，对李德生院士学术思想研讨会的召开表示热烈的祝贺。

1941 年，李德生学长胸怀实业救国的志存，以第一志愿选择并进入南京大学的前身——中央大学地质系学习，开启了在我国能源领域至今长达 80 年的耕耘探索，在中国陆相石油地质理论、含油气盆地构造研究等诸多方面，取得了一个个举世瞩目的突出成就，在祖国广袤的大地上、崇山峻岭间谱写了一段段动人心弦的奋斗华章。

作为我国石油工业的奠基者之一，李德生院士坚持真理，孜孜求索，卓越引领，科研报国。从学生时代冒着战火刻苦求学，深入矿区展开实地调研，到毕业后毅然奔赴西北戈壁，为祖国找油找气，从组织编制新中国第一个油田开发方案，到投身川中、大庆、

胜利等石油大会战，曾多次获得国家自然科学奖、国家科技进步奖等重大奖项，成为亚洲唯一一位获得美国石油地质家协会杰出成就奖的科学家。李德生院士始终秉承矢志报国的奉献情怀，胸怀问鼎地宫的石油抱负，践行实事求是的科学精神，以精心探索和卓越成就在国际学界产生了重要影响，赢得了卓越声誉，为我国石油勘探开发和地质研究事业做出了极大贡献。

作为南京大学的杰出校友，李德生院士心系母校，情系育英，奖掖后学，立德树人。一直以来，李院士与南大师生保持着深厚情谊和密切联系，于1986年受聘兼任我校地质系教授，活跃在教学工作第一线，多次为母校发展建言献策。在2011年南京大学地质学科成立90周年之际，李院士莅临现场并做专题发言，为我校地质学科的建设提出了宝贵建议，情深意切，催人奋进。在李德生院士长期的关心支持下，南京大学的石油地质研究已经发展成为一个重要专业方向，并培养了一批批硕士、博士研究生。借此机会，谨向李德生院士表示衷心的感谢。

今年也恰逢南京大学建校120周年，习近平总书记在校庆前夕，给我校留学归国青年学者回信，勉励大家以李四光、程开甲等老一辈科学家为榜样，在立德树人、推动科技自立自强上再创佳绩。为找能源多壮志，誓叫油气见青天。和李四光先生一样，李德生院士是我们石油地质领域的开路前辈，是南大人心系国家事、肩扛国家责的光荣典范，李院士献身国家能源事业的崇高精神和卓越功绩是南京大学宝贵的精神财富，激励着全体南大师生踔厉奋发、勇毅前行。

在李德生院士百岁寿诞之际，诚挚祝愿李德生院士福寿康宁，学术常青。预祝李德生院士学术思想研讨会圆满成功，也衷心希望在李院士的关心指导和各位领导的大力支持下，南京大学能与兄弟单位进一步深化合作，优势互补，携手为中国能源安全、为全面建设社会主义现代化国家贡献更大的智慧和力量，谢谢大家。

/ 3. 中国石油天然气集团有限公司焦方正副总经理致辞 /

2022 年 11 月 13 日李德生院士学术思想研讨会上焦方正副总经理致辞

尊敬的李德生院士，各位领导、各位院士、各位嘉宾：

上午好！在这美好的初冬时节，我们怀着崇敬的心情，带着衷心的祝福，欢聚在北京，隆重举行"李德生院士学术思想研讨会"，共同庆祝李院士期颐之寿，共同回顾李院士卓越的科学贡献、辉煌的工作成就，共同传承李院士深厚的学术思想、高尚的人格风范，共同推动中国石油地质学和石油事业高质量发展。在此，我谨代表中国石油天然气集团有限公司并以我个人的名义，向李院士致以最崇高的敬意和最美好的祝愿，敬祝李院士椿龄无尽、鹤寿绵长、福寿安康！

李院士是国内石油地质学的泰斗，是中国石油工业的重要开拓者和奠基人之一。他毕生致力于石油勘探开发和地质研究工作，奋斗足迹遍及西北、西南、东北及华北等油气田勘探开发第一线，积淀了深厚的学术造诣和实践成就，在国内外享有很高的声誉，为中国石油地质学、国家油气工业的起步发展和世界石油工业创新发展做出了不可替代

的历史贡献。

李院士的百年人生，是为国奉献、艰苦创业、矢志创新的精彩历程，是爱国精神、石油精神、科学精神的集中体现。他的崇高理想、学术思想和伟大品格，值得我们恒久学习传承。

百年人生，始终胸怀赤诚报国的崇高理想，永葆为国找油的初心。李院士从小就把个人命运和国家命运、民族命运紧密联系在一起，矢志发奋读书、立志报效国家。在重庆中央大学读书期间，用心聆听包括李四光在内的多位著名地质学者授课，坚定选择了经济地质学作为自己的专业方向。大学毕业后，作为当时中国为数极少的地球科学科研人员，他义无反顾地来到条件艰苦的玉门油矿，开启了一辈子为国找油的人生篇章。新中国成立之后，李院士为石油工业奔走天南地北，先后投身川中会战、大庆会战、胜利会战等一系列石油工业重大油气发现最前沿。贯穿近一个世纪的中国石油工业发展史，参与者、见证者有之，但全程亲历者寥若晨星，李院士就是其中一颗灿烂之星。他用毕生智慧和心血探求中国石油工业发展壮大之路，为国内早期油田开发建设和新中国石油工业发展做出了卓越贡献，充分彰显了"我为祖国献石油"的拳拳之心。

百年人生，始终秉持敢为人先的创新精神，勇担科技兴油的使命。从20世纪40年代起，李院士就开启了石油地质勘探生涯。他是大庆油田发现过程中的地球科学工作者之一，参与编制完成大庆油田第一部开发方案，参与创立渤海湾油区复式油气聚集（区）带的理论并指导实践，在我国陆相生油理论、含油气盆地构造类型、陆相湖盆储层研究、古潜山油气藏以及裂隙性储层特征研究等方面都取得了杰出成就。他始终坚持理论与实践相结合，以大量第一手资料为立足点，持续创新形成了一系列国际先进的油气勘探开发理论技术，为石油人问鼎地宫、寻求油气重大发现提供了有力指导和支撑。

百年人生，始终坚守甘为人梯的无私情怀，扛起科学育人的责任。李院士不仅在科研上硕果累累，在奖掖后学、培养青年科技人才上也倾注了大量心血。作为研究生导师，他事必躬亲、言传身教，为中国石油工业培养了近三十名硕、博士研究生及博士后研究人员。在他的关怀指导下，一大批优秀青年人才迅速成长，成为石油地质等各个领域的领军人才和骨干力量，涌现出一批院士专家和著名学者，为我国石油事业薪火相传、后继有人做出了积极贡献。如今李院士已是桃李满天下，学生们延续老师的严谨学风，传承精神，继往开来，自觉担当起保障国家能源安全、加快实现高水平科技自立自强的时代重任，成为推动我国油气事业高质量发展的一支骨干力量。

百年人生，始终秉承乐观通达的人生态度，树立淡泊名利的典范。李院士始终将党的指示、国家的需要、人民的意愿摆在第一位，矢志不渝为国奉献，即便经历坎坷波折和艰难困苦，仍然能够以一颗豁达乐观的心态去对待，始终对兴油报国充满着信心和决

心，始终对美好生活充满着期待和向往。离休后，李院士依然心灯璀璨、精神矍铄，为中国石油地质学开拓创新和石油工业再创辉煌继续努力工作。同时，他始终坚守党员本色，自愿交纳大额党费，积极支援抗疫工作，用实际行动诠释了一名老党员初心不改、永远跟党走、为党和人民的事业奋斗终生的责任担当。

进入新时代新征程，我国油气工业和油气科技事业发展面临新的战略机遇和诸多风险挑战，依然大有可为、大有作为。我们要以李院士为楷模，大力弘扬石油精神和大庆精神、铁人精神，继承发扬老一辈石油科学家的学术思想和精神品质，自觉肩负起时代赋予我们的重大使命，踔厉奋发、接续奋斗，埋头苦干、勇毅前行，为实现油气工业高水平科技自立自强、保障国家能源安全、加快建设能源强国做出新的更大贡献！

祝本次研讨会取得圆满成功！

祝李院士和各位领导、院士、嘉宾身体康泰、阖家幸福！

谢谢大家！

/ 4. 赵文智院士作《鄂尔多斯盆地长 7₃ 段页岩有机质转化率、排烃率与页岩油主富集类型》的报告（摘要）/

2022 年 11 月 13 日李德生院士学术思想研讨会上
中国石油勘探开发研究院原院长、党委书记赵文智院士做学术报告

　　针对鄂尔多斯盆地三叠系延长组长 7₃ 亚段页岩油资源主富集类型不清等问题，开展长 7₃ 亚段页岩有机质生烃转化率、排烃效率与页岩顶底板保存条件等方面研究，并对长 7₃ 亚段页岩油主富集类型进行评价。研究认为：长 7₃ 亚段页岩有机质转化率平均为 45% 左右，有大于 50% 的有机质尚未向石油烃转化，且成熟度越低，未转化有机质占比越大。已转化石油烃的累计排烃效率平均为 27.5%，未转化有机质加上滞留烃占比大于 70%；长 7₃ 亚段页岩的相对排烃效率平均为 60%，约 40% 已转化烃留滞在源岩内部，长 7₃ 亚段页岩顶底板分别为长 7₁₋₂ 亚段和长 8 段砂岩，之上还有长 6 段砂岩，已在有孔渗能力的部位形成大规模低孔渗 - 致密油藏，且长 7₃ 亚段页岩为负压，压力系数为

0.80 ～ 0.85，顶底板保存条件较差，滞留烃多以吸附态存在，可动性较差。评价认为长7_3亚段中高熟页岩油不是主富集类型，但在避开长6段、长8段和长7_{1-2}亚段已形成油藏区且断层、裂缝不发育的顶底板封闭性良好部位，应存在流动性较好的中高熟页岩油富集机会；中低熟页岩油资源潜力巨大，是长7_3亚段页岩油主富集类型，宜通过先导试验准备相关技术并落实资源可利用性与分布。

/ 5. 冯志强教授作《有关沉积盆地成因分类的一些思考》的报告（摘要）/

2022 年 11 月 13 日李德生院士学术思想研讨会上
中国石化石油勘探开发研究院常务副院长冯志强教授做学术报告

现有的沉积盆地分类大多基于位于板块的位置及其板块边界的性质，分类方案不仅复杂、分类依据和成因控制以及盆地特征关系不明确，而且还没有一个被广泛接受的成因分类。沉积盆地的形成是岩石圈在区域驱动力作用下变形过程中的产物。显然，区域驱动力（外因，变形的起因）和岩石圈的力学特性（内因，变形的主体）是控制盆地形成和演化的两个基本因素。通过研究世界各地的典型沉积盆地特征及其成因机制，我们识别出地幔热隆、热沉降、重力均衡、造山负荷和扭动五种驱使岩石圈变形的区域驱动力，在其作用下形成裂谷、拗陷、陆缘、前陆和走滑拉分五大类原型盆地；因岩石圈性质不同，五大类盆地展现为 14 种类型，每种类型都有其独特的岩浆活动、构造、沉积和油气

分布特征。这些外部驱动力在空间和时间上都与板块构造过程有关，板块构造过程始于大陆的分裂，经过海洋的开合，最后以大陆的碰撞结束，沉积盆地的形成演化与全球板块构造旋回具有独特的时空关系。

盆地可划分为裂谷盆地、凹陷盆地、大陆边缘盆地、前陆盆地和拉分盆地5个原型。原型盆地受热上升流、冷沉降、均衡、造山负荷和拉张等作用驱动。每个原型都有不同的力学性质、独特的构造样式、岩浆活动、沉积层序和油气潜力。该分类方案使看似纷繁复杂的沉积盆地简单化。该方案具有包容性，即所有的含油气沉积盆地都被包含在方案中；同时它也具有排他性，即每个单独的盆地只能归属于一种类型。该分类可以用来分析、对比和预测沉积盆地的形成演化以及构造、沉积和油气赋存特征。

/ 6. 朱伟林教授作《华南晚中生代陆弧迁移与海域盆地演化》的视频报告（摘要）/

2022 年 11 月 13 日李德生院士学术思想研讨会上
中国海油原总地质师、同济大学特聘教授朱伟林做学术报告

　　陆弧和弧前盆地是俯冲体系中具有密切联系的构造单元。中生代以来，华南受多期板块俯冲的控制，发育大规模岩浆岩带及海域广泛分布的弧前盆地。但陆域弧岩浆岩较少，海域又缺乏足够钻井，各时期陆弧的位置存在较大争议，同时，南海北部至东海一带弧前盆地也缺乏系统认识，因此，亟须新的研究思路深化对华南晚中生代俯冲体系和俯冲过程的认识。以前人研究为基础，对海域钻遇中生界的典型钻井进行了详细分析，系统开展了海域盆地区域构造和沉积对比，将弧前盆地发育与岛弧变迁相结合综合分析。结果表明早侏罗世 - 早白垩世陆弧位于南海北部 - 东海靠近陆域一侧，经历了早侏罗世局限陆弧、中晚侏罗世沿海陆弧带、早白垩世向海沟方向的迁移。在此过程中，华南海

域弧前盆地群于中侏罗世正式形成，早白垩世发育盆缘角度不整合，粗碎屑相带向海沟方向迁移，晚白垩世南海北部与东海各自进入新的构造体制，结束弧前盆地的发育。华南沿海海域中生代盆地的发育可为陆弧的展布提供重要约束，弧岩浆岩带的迁移控制了弧前盆地的演化。

/ 7. 何登发教授作《中国多旋回叠合沉积盆地的形成演化、地质结构与油气分布规律》的报告（摘要）/

2022 年 11 月 13 日李德生院士学术思想研讨会上
中国地质大学（北京）教授何登发做学术报告

　　深入认识盆地的地质结构与构造演化，探讨盆地的油气分布规律，将为揭示中国大陆属性、资源能源分布、环境变化及油气勘探新领域奠立重要基础。立足于油气勘探的新资料，应用活动论构造历史观与比较大地构造学方法，分析了中国叠合沉积盆地的构造演化、构造分区、地质结构与油气成藏模式，探索油气分布规律。研究表明，中国叠合沉积盆地经历了中新元古代、寒武纪 - 泥盆纪（或中泥盆世）、（晚泥盆世 -）石炭纪 - 三叠纪与侏罗纪 - 第四纪 4 个构造旋回的演化：据东西向两条构造锋线和南北（或北北东）向的两条改造锋线及西太平洋弧后盆地带，可将中国划分为北疆、内蒙古、松辽、塔里木 - 阿拉善、鄂尔多斯、渤海湾、青藏、四川、华南与海域等 10 个沉积盆地区；发育有前陆／克拉通、前陆／拗陷、拗陷／断陷、断陷／拗陷、反转断陷、被动陆缘、走滑叠合和改造残留等8种叠合盆地结构类型；发育安岳裂陷槽型、塔北型、苏里格复合三角洲型、玛湖凹陷型、陆梁隆起型、库车冲断带型、大庆长垣型、古潜山型、中央峡谷水道型、柴东生物气型、四川源内型与沁水向斜煤层气型等12种典型油气成藏模式；东部盆地内凹陷／断陷的油气分布具有空间有序性，叠合界面油气富集具优势性，油气叠合分布有强的非均一性，中西部前陆／克拉通叠合型盆地的油、气分区分布，海域被动陆缘／断陷叠合型盆地的油、气分带分布。中国多旋回叠合盆地具有独特的"三环带状"，即北方石油富集（区）带、东南方油气富集（区）带与西南方油气富集（区）带分布格局。

/ 8. 李德生院士发表感言 /

"我始终没有动摇为国家寻找和开发更多的油气田、自力更生建设我国强大石油工业的决心。"

——李德生

2022年11月13日李德生院士学术思想研讨会上李德生院士在会上发表感言

各位领导，各位院士、专家，各位同事、同学：

我的百岁生日是2022年10月17日。由于喜逢党的二十大召开，改期到今天，11月13日在本院召开。这次学术研讨会，大家有机会相聚在一起，见见面，交流经验。我和我的子女表示衷心的感谢！还要特别感谢马新华院长、窦立荣书记刚才授予我的"石油科学家楷模"荣誉奖。

借此机会，我谈谈人生的四点感言：

一、我1922年出生于贫穷落后的旧社会，抗日战争期间是流亡学生。1945年从重庆中央大学地质系毕业后，从上海滩到戈壁滩，开始石油地质专业技术工作，迄今已有近80个年头。新中国诞生后，在党的领导下，我参加了八次石油会战，为我国从"贫油国"跃升为世界石油、天然气生产大国，尽了一己之力，践行了"石油报国"的愿望。

二、大庆石油会战时，会战领导有个要求："石油地质工作者的岗位在地下，斗争的对象是油层"。我们建立了取全取准20项资料、72个数据、"四全四准"的工作要求，使地层对比、生产试验区开辟、储量计算和各阶段的开发方案的编制工作建立在大量正确的数据资料基础上，并带动了钻井、物探、采油、地面建设等工作的高质量发展。

三、做科学研究工作务必勤奋、诚信、求真务实。理论来源于实践，理论又为实践服务。我对自己是这样要求的，对硕士、博士和博士后研究生亦是这样要求。我的学生在录取后的第一年，必须安排去油、气田现场实习，收集第一性资料。他们的论文必须理论和实践相结合。我历年出版过中文专著 10 本、英文专著 2 本，在国内外地质、地球物理、油气田开发刊物上发表文章 140 多篇。今年我和助手李伯华在最新出版的《地学前缘》上写了一篇《"双碳"背景下石油地质学的理论创新与迈向能源发展多元化新时代》的文章，请大家阅后予以指正。

四、大家关心我的长寿秘诀。我是一个体格很普通的人。年轻时在野外工作，经常头痛、脚痛，吃一两片止痛药就恢复了，但有几个生活习惯可与大家分享：

（1）不抽烟，不喝酒。我家三代规矩，父亲传给我，我传给子女。

（2）吃饭七、八成饱，最好感到胃空肚饿时吃下一顿饭。

（3）九十岁以后，基本吃软食，一碗面条或一碗白米粥，一个鸡蛋，加一些蔬菜，吃少量肉，不吃海鲜。

（4）治病靠西医，身体调养服中药，坚持走路锻炼。

（5）坚持每天读书读报，养成学习、思考、写作的习惯。

谢谢院领导和各部门周到的安排，谢谢各位院士、专家的发言！谢谢各位同事前来相聚见面！谢谢大家！

2022 年 11 月 13 日李德生院士学术思想研讨会上
李德生院士在会上发表感言（左为女儿李玉博士）

马新华院长向李德生院士颁发"石油科学家楷模"证书

2022 年 11 月 13 日李德生院士学术思想研讨会上李院士结束发言后留影

（从左自右：工作人员、李玉博士、李德生院士、邹才能院士）

二、李德生院士学术座谈会
（中国石油天然气集团有限公司）

/ 1. 会议议程 /

活动时间：2022 年 11 月 14 日（周一）下午 15：00

活动地点：石油大厦 23 层昆仑厅

主　　持：中国石油天然气集团有限公司总经理、党组副书记侯启军；戴厚良董事长全程参加

活动内容：

时　间	内　容	主持人
15：00-15：15	播放李德生院士专题纪录片	侯启军
15：16-15：30	中国石油党组成员、副总经理焦方正同志宣读中国科学院贺信	
15：30-15：35	南京大学校长吕建院士发言	
15：35-15：40	中国石化集团党组成员、副总经理喻宝才发言	
15：40-15：45	中国海洋石油集团有限公司总裁夏庆龙发言	
15：45-15：50	陕西延长石油（集团）有限责任公司党委书记、董事长兰建文发言	
15：50-15：55	中国石油天然气股份有限公司副总裁、大庆油田党委书记、大庆油田有限责任公司执行董事朱国文发言	
15：55-16：00	戴金星院士发言	
16：00-16：05	贾承造院士发言	
16：05-16：10	赵文智院士发言	
16：10-16：15	李德生院士发表感言	
16：15-16：30	中国石油集团董事长、中国工程院院士戴厚良总结讲话	

李院士讲话

2022年11月14日（周一）下午15：00，在中国石油集团公司23层昆仑厅举行"李德生院士学术座谈会"，图为会议大厅（摄影 常正乐）

2022 年 11 月 14 日李德生院士学术座谈会会场合影

左起：会议主持人侯启军总经理、中国石油集团董事长戴厚良院士、李德生院士、

李德生女儿李玉博士、中国石油集团副总经理焦方正（摄影　唐大麟）

/ 2. 中国石化集团党组成员、副总经理喻宝才发言 /

尊敬的李老先生，各位院士、各位领导、同志们：

很高兴来参加李德生院士学术座谈会，李老先生步入期颐之年，这既是李老及家人的喜事，也是中国石油工业界的幸事。看到李老身体健康，精神矍铄，感到非常欣慰。首先我代表中国石化和马永生董事长向李老致敬，祝李老身体健康，生活愉快。

李老是我国石油工业的奠基者之一，作为主要完成人员，两次获得国家科技进步奖特等奖、一次获得国家自然科学奖一等奖。新中国成立之初搞石油大会战，对当时我们国家在层层封锁之下，实现自力更生，搞工业化建设，起到了重要作用，咱们石油战线厥功至伟，功不可没。

李老正是这一光辉历程的参与者、见证者和贡献者，从川中会战到大庆会战，再到胜利会战，每一次油气勘探的重大突破，都留下了李老辛勤的汗水、满腔的心血和光辉的足迹。作为杰出的石油地质学家，李老治学严谨，求真务实，高度重视掌握第一手资料，善于从中总结规律，形成理论。在一生为国找油的奋斗历程中，李老不仅取得了丰硕的科研成果，为我国甩掉贫油的帽子做出了重要贡献，也为我国油气勘探开发事业培养了一大批勘探栋梁之材。

作为后人，我们一定认真向李老学习，大力弘扬科学家精神，始终胸怀爱国热情、报国之志，以铁杵磨刀的定力和横刀立马的胆气，深耕基础研究，突破理论局限，攻克关键核心技术，步伐坚定地向非常规进军，向深层、超深层进军。在新时代、新征程中，续写油气勘探开发大发现、大突破的绚丽华章。

当今世界正在经历百年未有之变局，实现中华民族伟大复兴，正处于关键时期。党的二十大报告多次强调确保能源安全，充分体现端牢能源饭碗的极端重要性和紧迫性，奋斗在石油战线上，我们每一个人都能感受到肩膀上担子的分量，越是风高浪急，越要坚定信心，越是挑战重重，越要从创业先辈身上汲取智慧和力量。

请李老在保重身体的同时，一如既往地关心、支持油气勘探和开发事业，经常给予我们悉心指导，为保障国家能源安全，再立新功，再创佳绩。

最后再一次祝李老身体健康，生活愉快，祝大家工作顺利，万事如意，谢谢大家。

/ 3. 中国海洋石油集团有限公司总裁夏庆龙发言 /

尊敬的李院士，各位院士、各位领导：

下午好！

今天我怀着崇敬的心情，参加李院士百年寿诞活动，我也谨代表中国海油和汪东进董事长，祝福李老身体健康，阖家幸福。

新中国成立之初，百废待兴之际，李院士来到甘肃玉门油矿和陕北延长油矿，从事艰辛的石油勘探工作，作为新中国首任总地质师，为石油兴国之梦，奠定了坚实的基础，新中国每一次石油会战，每一个大油田，几乎都有李院士拼搏的身影，一百年峥嵘岁月，以李院士为代表的老一辈勘探家，铸就了中国独特的"我为祖国献石油"的石油精神。作为我国石油工业奠基者之一，李院士参与开创了伟大的陆相石油理论，指导了适应中国石油探勘开发创建的石油勘探地下地质学等油气地质理论，培育了一代又一代勘探家，植根于我国石油工业发展历程中形成的石油报国矢志不渝的精神财富，为我国石油勘探攻坚克难提供了强大的精神动力。

李院士长期致力于渤海湾盆地研究，揭示了渤海地幔柱概念，提出了渤海湾盆地复式油气藏模式，推动渤海湾盆地建成我国东部第二大石油产业区，也为渤海海域建成海上大庆，年产3000万吨，提供了理论源泉和勘探智慧。

中国海洋石油工业建立40年来，中国海油将李院士等老一辈科学家开创的石油地质理论与石油精神发扬光大，中国海域累计探明油气地质储量85亿吨油当量。2021年中国海域年油气产量达到了6665万吨。

一百年栉风沐雨，石油精神薪火相传，我们将继承和发扬李院士等科学家的精神财富，牢记初心使命，开拓创新，贯彻落实党中央关于增储上产和科技创新的重要指示批示精神，按照公司总体部署，实现海洋科技自立自强，保障国家能源安全。

近年来国内海上平均年新增探明石油地质储量3亿吨、天然气探明地质储量1300亿立方米。到2025年，力争国内海上石油产量达到6000万吨，天然气产量350亿立方米。

百岁华诞扬风骨，一片丹心向石油。在李院士百岁寿诞这个特殊的日子里，祝福老先生福如东海，寿比南山，永远健康、快乐，谢谢大家。

/ 4.陕西延长石油（集团）有限责任公司党委书记、董事长兰建文发言 /

尊敬的李德生先生、戴厚良董事长，各位院士、各位专家、各位领导、同志们：

大家上午好！百年春秋华诞至，丹心凝聚石油情。非常荣幸在石油功勋前辈李德生先生百岁寿辰之际，能与各位石油行业的企业领导、专家学者，共聚一堂，参加李德生院士学术座谈会。借此机会我谨代表延长石油集团，向李德生先生致以崇高的敬意和衷心的祝福，向学术交流会的成功举办，表示热烈的祝贺。

李德生先生是我国石油工业的奠基人之一，他深耕石油地质领域，用脚步丈量祖国大地，每一个大油田都留下过奋斗的足迹。他与老一代科学家破除中国贫油论，开发陆相生油论、大庆油田横切割早期注水开发、渤海湾盆地复杂断块油田、中国含油气盆地构造学等理论，为指导我国油气田科学高效勘探开发和保障国家能源战略安全，做出了重要的贡献。

李德生先生，品德高尚，始终站在世界石油地质研究的潮头，桃李满园，为国家和石油工业培养了一大批科研领军人才，建立了石油功勋前辈的卓越丰碑。

李德生先生与延长石油情感深厚，1951年，他主动申请到延长石油矿工作，在当时艰苦的环境下，骑着毛驴，风餐露宿搞勘探，总结特低渗裂缝油田的规律，研究提出找油苗、顺节理、保持适当的井距、封淡水、抽盐水、自上而下开采的布井原则，并用油层爆炸方法探索特低渗透油田开发的技术实验，为延长石油早期开发指明了方向，也为建成千万吨级的大油田，奠定了坚实的理论基础。

更难能可贵的是，1953年，李德生先生主动带着爱人和4岁的长女，在黄土高原的窑洞安家。1954年，次女出生后取名李延，纪念与延安及延长油矿结下的缘分。离开延长油矿几十年来，先生始终情系延长石油，先后多次回到延安，更为可喜的是，2007年，参加了延长油矿出油一百周年的庆祝大会。2013年，在参观延1井时提出，再建百年油田的美好愿景，无不饱含着对延长石油的深情厚爱。

延长石油已走过了117年的风雨历程，在党的领导下，进行了感天动地的艰苦奋斗，从这里催生了伟大的陆相石油理论，填补了民族石油工业的空白，揭开了石油工业蓬勃发展的序幕，为中国抗日战争、解放战争、经济建设，及石油工业的发展做出了应有的贡献。

今天我们站在新的历史起点上，将以习近平新时代中国特色社会主义思想和来陕考

察重要讲话、重要指示精神为指导，认真贯彻党的二十大精神，遵循四个革命一个合作的能源安全新战略，传承弘扬伟大建党精神和延安精神，继续沿着李德生先生等前辈的足迹，发扬埋头苦干、不怕困难的优良作风，加快落实油气并举，煤气电并重，新能源、新材料并新的发展战略，接续奋斗，再造一个结构更优、能耗更低、效益更好、实力更强的新延长，为保障国家能源安全、为全面建成社会主义现代化强国做出新的更大的贡献。

最后，诚挚地邀请李德生院士再回延长石油走一走、看一看，衷心地祝愿您春云曩铄，同时也诚挚地邀请各位领导、各位院士、各位专家和同志们，多到延长石油指导工作，谢谢大家。

/ 5. 中国石油天然气股份有限公司副总裁、大庆油田党委书记、大庆油田有限责任公司执行董事朱国文发言 /

尊敬的李老，各位院士、各位领导、同志们：

李老是大庆油田的发现者之一，大庆石油会战的火红岁月里，镌刻着李老精忠报国、拼搏奉献的坚实足迹，开启了科学人生、荣光百年的传奇经历。在此我代表大庆石油人，向李老表达最崇高的敬意。大庆油田的发现，是中国乃至世界石油史上，一次重大的历史事件，为自立自强的新中国突破外部封锁注入了强大力量，为中华民族屹立于世界民族之林增强了厚重底气，从此迎来了中国石油工业的历史转折，开创了工业学大庆的历史篇章。

大庆的探索和成功，是党和国家英明决策的科学指引，是石油前辈筚路蓝缕、薪火创业的奋斗成果，这其中饱含着李老的卓越功勋和杰出贡献。大庆人深深感恩李老以尊重科学、探索创新、坚定执着的石油科学家品格，孜孜探求发展陆相生油理论，书写了让荒原变油田的壮丽篇章，充分彰显科学精神的内涵实质，为我们高高举起了精神的火炬。大庆人深深感恩李老坚持推陈出新、为国找油的坚定信念，问鼎地宫的石油抱负，生动诠释了石油首先是在地质家的脑海里，"三点定乾坤"成就了经典的找油哲学，为松辽盆地开发奠基，充分彰显实事求是的重要思想，为我们高高竖起了思想灯塔。

大庆人深深感恩，李老推行"五级三结合"，全员游地宫，制定了20项资料、72种数据，被奉为石油开发法则。

60多年来，李老一直心系大庆发展，多次亲临大庆现场指导。油田发现30周年时，为5000万吨稳产出谋划策；50周年时为陆相天然气发展指引方向；60周年时为陆相页岩油勘探圈定重点，引领和推动了大庆的高产、稳产和可持续发展，充分彰显了对开发规律的深刻认识和把握，为我们高高树起了奋斗的航标。

踏上新时代、新征程，我们将牢记践行习近平总书记"当好标杆旗帜，建设百年油田"的嘱托，继续大力弘扬李老的学术思想和专业精神，奋力推进原油3000万吨稳产和天然气、新能源快增长的"一稳三增"，努力保持能源总当量的稳定向上，全力当好保障国家能源安全的排头兵、中国石油的压舱石，为推动能源革命、端牢能源饭碗做出大庆新的贡献。

最后祝李老福寿安康，幸福绵长，祝各位院士、领导身体健康，工作顺利，谢谢大家。

/ 6. 戴金星院士发言 /

李德生院士，戴厚良董事长，各位领导，各位院士：

下午好！

首先我敬祝李先生福如东海、寿比南山！

李先生是我的院士推荐人，我永远铭记 1995 年 10 月他告诉我已被选为中国科学院院士了，并期望我当上院士后要为国家找更多气、在科学上有更多创新等，体现了李先生是甘为人梯、奖掖后学的表率。在此，我高兴地告诉李先生，我国天然气工业得到快速发展，近十年共生产了 15101 亿立方米天然气，是前十年（2002～2011 年）总产气量（6468 亿立方米）的 2.3 倍，2021 年中国成为世界排名第四位的产气大国。近十年来，我国天然气储量猛增，新增探明天然气地质储量 84499.58 亿立方米，是前十年 55696.57 亿立方米的 1.5 倍；前十年没有页岩气田，近十年发现探明 7 个页岩气田，探明页岩气地质储量 2.74 万亿立方米，累计生产页岩气 920 亿立方米。

由以下三方面事迹可见，李德生院士是名副其实的油气功勋科学家。

一、献身神州油田，踏遍赤县盆地，走向世界宣讲陆相生油。李先生 1945 年大学毕业后就进入我国石油工业的摇篮玉门油田，以后转战延长、大庆、四川、胜利、大港和任丘油田，致力于油气发现、开发，成果卓著。1946～1947 年在中国台湾开展重磁力测量，考察苗栗油田、锦水气田，1978 年在中国石油勘探开发研究院工作后，常去各油气田考察、讲学，为勘探、开发、研究献计献策，为油气增产增储奉献和操心。

李先生在听各种报告时，始终聚精会神地听，认真做笔记，诚心地学习他人之长，充实自己，这是他优良学风的一个侧影，是值得我们学习的。

据不完全统计，1980～2017 年，李先生曾 20 次赴 9 个国家参加油气会议，特别值得一提的是，2017 年，95 岁高龄的他远赴美国参加 AAPG 100 周年年会，宣讲中国独创陆相生油理论，还有复式油气聚集区带勘探理论等，同时也带回国际上先进油气勘探理论和技术，推动中国油气更好发展。

以上诸事例充分体现了李先生是胸怀祖国、服务人民的表率和坚守学术道德、严谨治学的表率。

二、高类型奖和高级别奖的荣获者。李先生作为发现大庆油田的主要完成人之一，在 1982 年（"大庆油田发现过程中的地球科学工作"成果）获国家自然科学奖一等奖；

1985 年"大庆油田长期高产稳产的注水开发技术"和"渤海湾盆地复式油气聚集（区）带勘探理论及实践"分别获国家科技进步奖特等奖；1994 年获 AAPG 石油地质学杰出成就奖；1997 年获何梁何利基金科学与技术进步奖；2010 年获陈嘉庚地球科学奖。自然科学奖和成就奖是高类型奖，特等奖和一等奖是高级别奖，只有攀登理论高峰者才能获得，故李先生是追求真理、勇攀高峰的表率。

三、国内外人士赞许。2011 年 11 月我在德国波茨坦地学研究中心进行学术交流时，德国工程院士 Bran Horsfield 说，他对中国油气地质的了解是看了李德生相关论著得来的；2003 年我去台湾中油公司探采研究所讲学时，该公司沈俊卿同仁谈起，李先生是首批到台湾从事重磁力测量的大陆专家；我的博士生冯子齐副教授在院攻读博士时，看到 90 多岁的李先生还来上班感叹地说，李院士是我们年轻人的榜样。最近我遇上李先生三女儿李玉，请她转达问候李先生，保重身体、多休息。李玉说他在忙于修改补充自传和画传，常至深夜。

由上可见，李先生是广大院士做"四个表率"的模范，是油气功勋科学家。

最后祝李先生幸福、健康到永远！祝大家一起顺利、顺风、顺水，谢谢大家！

/ 7.贾承造院士发言 /

尊敬的李院士、戴厚良董事长，各位领导、院士、专家和来宾：

今天，我怀着激动的心情热烈庆祝李德生院士百岁华诞，学习李先生爱国敬业、献身科学、终生不悔的伟大精神！祝李先生福如东海、寿比南山！

李德生院士是中国石油工业的奠基人之一，是一位石油世纪老人，在他近 80 年的石油职业生涯中，爱国敬业，历经风雨，献身我国石油工业，为我国石油工业的发展做出了巨大的贡献。李德生院士是一位石油地质学大师，是一位油气勘探巨匠。李先生一生参加了我国石油勘探的历次重大会战，经历了我国石油工业发展的百年风雨。从玉门油田创业、大庆油田的发现与开发、渤海湾油田复式油气聚集区的突破，到四川天然气会战、西部含油气盆地的勘探，一生工作和奉献的足迹遍布全国，获奖和荣誉无数。李先生的工作经历与成就是无数后辈石油地质学家和勘探家的榜样和梦想。

李德生院士是一位石油地质学大师，是一位杰出的科学家。李先生治学严谨，学术基础深厚，视野广博，思维敏锐，记忆力惊人，甚至在他高龄时，许多年轻科技人员也难以企及。他著作等身，毕生学术成果累累，获奖无数。李先生是我国陆相石油地质理论和巨型陆相砂岩油田开发理论的主要奠基人之一、渤海湾盆地复式油气聚集（区）带理论的创建者之一，他的主要学术著作《石油勘探地下地质学》《李德生文集》《中国多旋回叠合含油气盆地构造学》等将长期影响石油地质界和勘探界。李先生毕生用了巨大的精力开展了大量我国含油气盆地基础地质研究，其中一部分由他精心记录在他的上百本研究工作记录中，这些必将成为我国石油地质事业的宝贵财富，我们应该继承好。李先生的成就在国际上也享有盛誉，美国石油地质学家协会 1994 年授予他石油地质学"杰出成就奖"和荣誉会员奖章，这是我们中国石油地质学家的骄傲。

李德生院士精神境界高尚，政治觉悟高，全心全意投身于党和国家的事业，从不计较个人待遇与得失，他心胸开阔，胸怀大地，心存善念，是我们后辈的道德模范。回忆一件小事，二十年前勘探院旧楼改造前，我和院领导陪着集团公司领导去看望李先生和几位老院士，我们也希望反映住房困难情况，改善院士住房。当问起住房困难时，李先生说旧楼主要没有电梯，如果安个电梯，住旧楼也很好。李先生虽然高龄，始终关心石油勘探开发，科学研究一直不停，我记忆犹新。2020 年集团公司科技委员会会议上，李

先生对松辽盆地页岩油的地质规律与前景作了精辟的分析和论证，真正是献身我国石油工业终生不悔，老而弥坚，是我们终身学习的榜样。李先生至今仍在工作，他的办公室和戴金星院士及我的办公室在同一层楼，他有时过来我办公室坐坐。我感到能和一位百岁科学家共事，真是一种珍贵的幸福和鼓舞。我很荣幸和李德生院士及戴金星院士同为南京大学（前身为中央大学）地质系校友。母校传统治学精神"板凳坐得十年冷，文章不写半句空"仍然深深影响着我们。李先生和戴先生两位前辈在我成长的道路上给予我很多的帮助和教诲，我经常自勉向前辈学习和看齐。

我们要学习李德生院士爱国敬业、献身科学、终生不悔的伟大精神。祝李先生福如东海、寿比南山！

/ 8.赵文智院士发言 /

尊敬的各位领导，敬爱的李老师：

大家下午好。

倾一生经历耕耘科技报国，满世纪光阴探找油气工程。今天我们欢聚一堂祝贺李德生院士期颐之年，百岁寿辰。很高兴有机会代表李老师的所有弟子，祝福老师生日快乐、身体健康、福如东海深、寿比南山高。

我有幸于 1999 年投身于李老师门下攻读博士学位，在日常工作和跟随老师学习期间，耳濡目染，深刻感受到勘探院超过一甲子的建院历史，之所以能够光辉伟岸，就是因为由以李老师为代表的一大批专业造诣深厚、找油贡献卓著的大专家所奠基和缔造，他们身上所展示的精神风貌，就是勘探院文化的精髓，就是科学家精神的内涵，就是铁人精神的折射，李老师展示出的是大学者的儒家、大先生的达观、大勘探家的睿智和大战略家的远见卓识。

李老师一生治学严谨，着重积淀，不唯上、不唯书，只唯实。李老师朴实低调，脚踏实地，心如止水。李老师为人师表，桃李不言，下自成蹊。有三件事能衬托李老师伟大的人格魅力。

第一件事是李老师"三点定乾坤"，李老师是最早参加大庆石油会战的石油地质学家，在大庆第一口发现井获得突破后，关于地下油藏究竟怎么分布众说纷纭，李老师认真分析有限资料和数据，从宏观沉积环境，从沉藏条件分析入手，登高望远，大胆提出大庆长垣整体含油的论断，指出北部萨尔图、杏树岗和喇嘛甸构造面积更大，油层更厚，油品更好，建议甩开一探，提出三口预探井。实施后一举拿下大庆油田的几十亿吨储量，被后人称为"三点定乾坤"，传为佳话。快速拿下大庆油田，对甩掉新中国贫油帽子发挥了重大作用。

李老师功不可没，获得国家自然科学一等奖和国家科技进步奖特等奖。这件事衬托出李老师作为石油科学家的睿智和判断力，以及作为勘探家的担当以及决断力。

第二件事是李老师对第一手资料的执着和偏爱，李老师的勘探生涯起步于骑着马、驾着驴车在河西走廊开展地质调查和重磁力普查勘探，他有丰富的地质经验，善于从地质、地球物理和钻井资料综合分析入手，对地下油气场分布做出评价，李老师十分重视第一手资料的观察和记录，每每听技术报告，每每到现场，都可以看到他观察仔细入微，

记录的字迹工整，图文并茂。就是去国外参加会议，他驻足时间最多的地方也是岩心、地质标本、剖面和地质重点展示区，这正是勘探家做出准确判断的基础所在。注重第一手资料，是李老师事业成功的法宝之一，也是他求真务实、崇尚科学、追求卓越的真实折射，值得我们后人学习和传承。

第三件事是李老师从严治学，对学生专业素养锤炼提升，要求很高。李老师经常教育学生要成为一名优秀的科技工作者，必须有多学科扎实的知识基础，要构建起包括地层、构造、岩石、地球物理、地球化学、水文地质、油层物理、油藏工程和开发地质在内的知识体系。还要积极投身现场生产实践，注重理论与实践结合，要求我们头脑里多一些对成功和失败案例的解剖和独立思考，多几个可以同类分析和解决问题的模式。

李老师的足迹告诉我们，书山有路勤为径，创新无涯苦作舟。

最后送李老师一副含"德生"二字藏头的对联，再次恭祝老师生日快乐、福寿绵长。

德高望重，堪称石油地质理论世纪功臣。

生为油来，无愧陆相勘探发现百岁宗师。

谢谢大家。

/ 9. 李德生院士发表感言 /

尊敬的戴厚良董事长、侯启军总经理和总公司各位领导、各位院士、专家、各位来宾：

我的百岁生日是 2022 年 10 月 17 日。由于喜逢党的二十大召开，这个会议改期到今天 11 月 14 日召开。听了各位的发言，我受益匪浅。借此机会，谈谈我从事石油地质工作的四点感言：

一、我 1922 年出身于旧社会，抗日战争期间是流亡学生。1941 年在浙江丽水碧湖省立临时联合高中毕业，1945 年在重庆中央大学地质系毕业后，从上海滩到戈壁滩，从玉门油矿、延长油矿开始从事地球物理和石油地质技术工作，迄今已有 77 个年头。前 38 年时间是在油气田现场工作，参加了川中、大庆石油会战和渤海湾油田、胜利、大港、华北、中原和四川威远开气找油等会战。为我国从"贫油国"跃升为世界石油、天然气生产大国，尽了一己之力。履行了自己"石油报国"的愿望。

二、大庆石油会战时，会战领导有个要求："石油地质工作者的岗位在地下，斗争的对象是油层"。我们建立了取全取准 20 项资料与 72 个数据、"四全四准"的工作要求，使地层对比、开辟生产试验区、储量计算和编制各阶段的开发方案工作建立在大量正确数据资料基础上，并带动了钻井、物探、采油、地面建设等工作的高质量发展。

三、后 39 年，我在石油工业部石油科学研究院和中国石油天然气总公司石油勘探开发研究院从事专题研究、写作专著、参加国际交流和培养研究生工作。

做科学研究工作务必勤奋、诚信、求真务实。理论来源于实践，理论又为实践服务。我对自己是这样要求的，对硕士、博士和博士后研究生亦是这样要求。我的学生在录取后的第一年，必须安排去油、气田现场实习，收集第一性资料。他们的论文必须理论和实践相结合。

四、我历年出版过中文专著 10 本、英文专著 2 本，在国内外地质、地球物理、油气田开发刊物上发表文章 140 多篇。2018 年离休后，我仍然关注着中国和世界石油地质科学的新发展。并撰写我的回忆录，留下我对中国石油地质科学百年发展历程的真实记忆。

最近我和助手李伯华在最新出版的《地学前缘》上写了一篇《"双碳"背景下石油地质学的理论创新与迈向能源发展多元化新时代》的文章，这篇文章要点是：

（1）"双碳"背景下，我国石油工业仍然大有可为，持续创新石油地质理论与油气勘探开发技术，力争原油产量长期稳定年产 2 亿吨，天然气产量稳定增长，为我国能源低碳绿色转型奠定基础。

（2）大力推广注二氧化碳提高油田采收率（CCUS-EOR）与利用报废井和枯竭油气藏开展二氧化碳埋存（CCS）的实践，实现提高采收率与减排双重效益，促进石油工业低碳绿色发展。

（3）21世纪是能源多元化时代，水电、风能和太阳能三类可再生能源开发利用是实现"双碳"目标的基本保障，地热能和海洋能是重要推手。

（4）氢能将是未来最具潜力的新能源。

请领导和专家阅后予以指正。

再次感谢总公司领导和各部门对座谈会的周到安排，感谢各位领导，各位院士，专家的热情发言！感谢大家前来相聚座谈！谢谢大家！

/ 10. 中国石油集团董事长、中国工程院院士戴厚良总结讲话 /

尊敬的李先生，各位院士、各位领导、各位嘉宾：

在举国上下深入学习贯彻党的二十大精神之际，我们欢聚一堂，隆重举行李德生院士学术座谈会，共同庆祝李院士期颐之寿，共同回顾李院士卓越的科学贡献、辉煌的工作成就，共同学习李院士深厚的学术思想、高尚的科学家精神。对于引导和激励广大石油科技工作者更好地服务国家和人民、推动我国油气和能源事业的高质量发展，具有重要意义。

在此我谨代表中国石油集团，并以我个人的名义，向李院士致以崇高的敬意和最美好的祝愿。

李院士是国内石油地质学的泰斗，是中国石油工业的重要开拓者和奠基人之一。他毕生致力于石油勘探开发和技术研究工作，奋斗的足迹遍及西北、西南、东北、华北等油气田的勘探、开发第一线，为中国石油的地质学和国家油气工业的起步与发展，做出了不可替代的历史性贡献，在国内外享有很高的声誉。

刚才我们一起观看了李院士的纪录片，聆听了李院士的感言和三位院士的发言。南京大学、中国石化、中国海油、延长石油、大庆油田的领导做了热情洋溢的致辞，让我们对李院士的崇高理想、学术思想和优秀品格有了更加深刻的理解。

百岁人生，卓兴耀耀；百年奋斗，使命昭昭。李院士为国奉献、艰苦创业、矢志创新的百年人生历程，生动诠释了爱国精神、石油精神、科学精神的内涵和精髓，精彩演绎了中国石油工业的光荣传统，是我国石油科技界的楷模和学习的榜样。

刚才李院士的四点感言，特别是"双碳"背景下的四点思考和意见，对于我们怎样在"双碳"背景下建设多能互补，这个有非常强的指导作用，特别是对于我们怎样把我们的油气作为我们的奠基之作把它做好，同时在兼顾我们新能源的发展，我想李先生的战略层面的思考，对于我们下一步做好工作有非常强的指导意义。

我们要学习李院士心有大我、丹心如赤的爱国情怀。李院士出生在国难当头、民族危亡的年代，从小就立志报国，发奋读书，青年时代就立下了永不退缩的为国找油的事业。大学毕业之后，他义无反顾地来到条件艰苦的玉门油矿，开启了一辈子为国找油、找气的人生篇章。之后从茫茫戈壁到浩瀚雪原，从川中丘陵到巍峨祁连，几乎每一次的石油会战中，都有李院士艰苦奋战的身影，几乎中国的每一个大油气田都有李院士不懈探索的足迹。

他曾经说过，作为一个曾经在旧社会生活工作过的知识分子，都遇到过种种困难，也被迫中断过自己的研究工作，但始终没有动摇过为国家寻找和开发更多的油气田、自力更生、建立我国强大石油工业的决心。这种对石油事业的热爱、对国家的职责担当，生动践行了石油科学家为国奉献、执着拼搏的铿锵事业。

学习李院士，弘扬石油科学家精神，就是要始终心怀国之大者，勇担时代使命。爱国是科学家精神的第一要义，也是对新时代人才的第一要求，我们要传承弘扬老一辈石油科学家爱国奉献、心系人民的优良传统、牢记一切工作、一切奋斗都要为党、为国、为人民，自觉把个人的追求融入国家发展和民族复兴之中，坚决扛起为我国找油、找气，端牢能源饭碗的重大责任。

我们要学习李院士勇攀高峰，敢为人先的创新精神，李院士坚持理论联系实际，敢于创新，敢讲真话，始终站在我国石油地质研究的潮头，他是大庆油田发现过程中的地球科学工作者之一，参与编制完成了大庆油田的第一部开发方案，参与创立渤海湾油气区复式油气聚集区带的理论并指导实践，在我国陆相生油理论、含油气盆地构造类型、陆相湖盆储层研究、潜山油气藏研究等方面取得了杰出成就，出版了一批经典著作，为一系列的油气重大发现奠定了坚实基础。

李院士经常告诉我们，理论来源于实践，理论又是为实践服务的，这种以科学的态度来对待科学，以执着的精神追求真理的崇高境界，充分展现了石油科学家上下求索、勇于创新的精神内核。

学习李院士弘扬石油科学家精神，就是要始终坚定创新自信、勇攀科学高峰。当前我国能源科技领域，仍然存在着部分核心技术受制于人、基础研究薄弱等挑战，实现高水平科技自立自强任重道远，我们要传承弘扬老一辈石油科学家自力更生、自强不息的创新精神，以敢为天下先的创新自信和勇气，在破解关键核心科技难题上，敢打攻坚战，在解决国家重大需求中敢啃硬骨头，努力打造更多中国创造、中国利器，真正把论文写在科研攻坚、生产建设的第一线。

我们要学习李院士勤奋求实、笃行不息的治学态度，李院士曾经说过，世界上有一些天才，但是我认为自己不是天才，我的工作态度和治学精神是勤奋。长期以来，李院士笔耕不辍，勤奋积累，在地质考察、现场工作、交流研讨等各种科研活动中，始终把第一手资料的收集摆在突出位置，即使耄耋之年，仍然保持着去档案馆查阅资料的工作习惯，时至今日，李院士依然星光璀璨，精神矍铄，坚持在油气地质领域不断耕耘，深入思考未来发展方向，不遗余力为油气增储上产献计献策，这种严谨治学、孜孜以求的敬业精神，令石油战线的广大科技工作者备受鼓舞、倍感责任重大。

学习李院士弘扬石油科学家精神，就是要始终注重严慎细实，坚持勤奋钻研。当今科学领域的每一次重大突破，每一次重大成就，都需要科学家和科技工作者潜心投入，

长期钻研，都需要数十年磨一剑的真功夫、苦功夫，我们要静心独思、心无旁骛，以"板凳甘坐十年冷"的韧劲和钻劲，瞄准国家战略需要、石油工业发展需求和油气生产瓶颈问题，埋头苦干，奋力攻坚，研发更多高水平的原创成果，为高质量发展注入动力。

我们要学习李院士甘为人梯、奖掖后学的育人精神，李院士不仅是在科研成果上硕果累累，在培养科技人才方面，也倾注了大量心血，他桃李满天下，在长期的科研与教学工作中，事必躬亲、言传身教，为中国石油工业培养了近三十名硕博士研究生、博士后研究人员，一大批优秀青年人才成长为石油地质等领域的领军人才和骨干力量，涌现出一批院士专家和重要学者，为我国石油事业的薪火相传做出了重要贡献。

学习李院士弘扬石油科学家精神，就是要始终坚持厚德育人，助力青年成长成才，青年科学人才决定着科学创新的活力和未来，我们要始终站在保持石油事业基业长青的高度，牢牢抓好后继有人这个根本大计，强化青年科学人才的培养，提供更多更好的事业舞台和成长平台，帮助解决后顾之忧，让青年科技人才全身心干事创业，加快脱颖而出，造就能够担当重任的青年科技人才队伍。

我们要学习李院士剑胆琴心、宠辱不惊的人生态度。在李院士的工作生涯中，他始终将党的指示、国家的需要、人民的期盼摆在第一位，以奉献祖国、献身石油之崇高境界为座右铭，始终对石油报国充满信心和决心，始终对美好生活充满激情和向往，内心平和，来源于对生活的挚爱，李院士艺术造诣深厚，写着一笔好字，还喜欢画画，在艰苦的石油地质勘探之余，他常用山水素描、摹刻版画记录壮美山河和生活见闻，每一幅作品都富有浓郁的时代烙印，都是一段令人难忘的石油回忆，都镌刻着奉献石油的历史过程。

学习李院士弘扬石油科学家精神，就是要始终热爱生活，淡泊名利，我们要大力倡导重实干、重实际的评价导向，大力倡导讲诚信、求真务实的科研作风，大力倡导重协作、懂生活的健康秩序，引导广大科技工作者怀抱理想又脚踏实地，担当奉献又充满激情。在探索真理的进程中，成就美好的事业和精彩的人生，营造风清气正、向上向善的学术氛围和科研环境。

各位嘉宾、同志们，以李院士和在座的各位院士为代表的石油战线院士专家，是党和国家的宝贵财富，是推动石油工业和科技事业发展的领军人物，也是加快推进世界一流企业建设的重要力量，我们将在上级部门的领导之下，全力做好服务保障工作，为院士专家们颐养天年和发挥作用创造更好条件。我们要大力弘扬石油精神、大庆精神和铁人精神，大力传承以李院士为代表的老一辈石油科学家的优秀品质和优良作风，自觉肩负起时代赋予的重任，接续奋斗，勇毅前行，为保障国家能源安全、全面建设社会主义现代化国家做出新的更大的贡献。

最后衷心祝愿李先生椿龄无尽、鹤寿绵长、阖家幸福，祝我们各位院士、各位同仁身体健康、工作愉快，谢谢大家。

三、贺信、贺词、贺匾与贺文

/ 1. 中国石油集团贺词 /

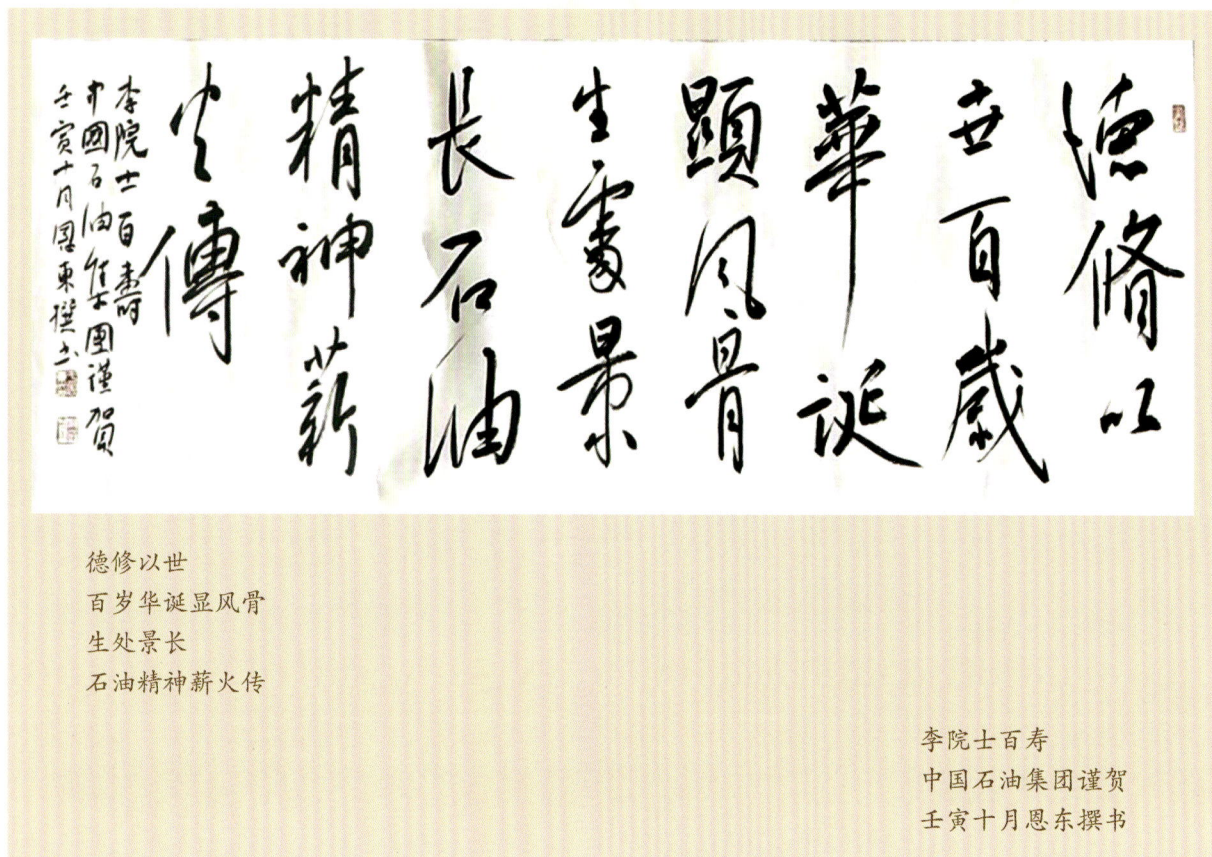

德修以世
百岁华诞显风骨
生处景长
石油精神薪火传

李院士百寿
中国石油集团谨贺
壬寅十月恩东撰书

/ 2. 延长石油集团公司祝贺李德生院士百岁华诞贺信 /

尊敬的李德生院士：

百年春秋华诞至，丹心明鉴石油情。值此您百岁寿辰之际，延长石油集团谨向您致以崇高的敬意和衷心的祝贺，并向您及家人亲属表示最诚挚的祝福！

您见证、参与、推动了我国石油工业发展，少年时便立志"实业报国"，青年时代"誓为祖国找石油"，从江南水乡到黄土高原、戈壁荒漠，从林海雪原到滨海浅滩、宝岛台湾，每一个大油田都留下您奋战奋斗的足迹。1951 年您奉派到陕北老区和延长油矿工作，披星戴月、风餐露宿搞调查，实事求是、精益求精布井位，不畏生死、大胆探索抓开发，为延长石油建成千万吨大油田奠定了坚实基础。

您传承、坚持、弘扬科学家精神，勤奋敬业不盲从，坚持"入心、入脑、入行"，用脚步丈量祖国大地，始终深耕石油地质领域，与老一代科学家破除了"中国贫油论"，研究提出了陆相大油田地层对比、大庆油田横切割早期注水开发、渤海湾盆地复杂断块油田、中国含油气盆地构造学等理论，有效指导了我国油气田进一步的勘探和开发，为保障国家能源战略安全做出重要贡献。

您人格、品格、性格自成高格，一生模范践行"为国找油"初心使命，博闻强识、严谨细致、推陈出新，始终站在世界石油地质研究的潮头，著作等身、誉满天下，薪火相传、桃李满园，为国家和石油工业培养了一大批科研领军人才，树立了石油功勋前辈高尚无私的楷模榜样。特别是您离开延长仍心系延长，耄耋之年三回七里村油矿，倾心帮助指导鄂尔多斯盆地油气资源高效勘探开发，更加坚定了我们再建百年新延长的信心和决心。

衷心恭祝您椿龄蟇铄、寿同松乔，身体康泰、阖家幸福！

陕西延长石油（集团）有限责任公司

2022 年 11 月 8 日

/ 3. 延长石油集团党委贺信 /

尊敬的李德生院士：

欣逢李院士百岁华诞，期颐之寿，仰祝椿龄。因疫情影响，11月13日仅以视频形式参加在京举办的"李德生院士学术思想研讨会"，聆听前辈教诲，至今未能如愿当面拜访恭贺，深感遗憾。现以信抒怀，谨代表五万名延长油田干部职工，向您致以崇高的敬意和美好的祝愿，并向您的家属表示亲切的问候。

您作为中国石油的学术巨匠、业界泰斗，是中国石油工业的重要奠基者，为国家石油事业的发展倾注了无数心血，做出了卓越贡献。20世纪50年代在延长油田工作期间，您的足迹遍布油田的山川沟壑，您做出的《陕西延长油田上三叠统浅油层储油和出油条件》等技术报告科学指导了当年的勘探开发，您组织开展的油井增产试验、提出的水力压裂法增产建议在设备条件满足之后，逐步成为延长油田的主要开发增产措施，一直沿用至今。如今70年过去，延长油田产量已经从您刚来此工作时的700多吨，至2007年突破千万吨大关，至今已实现千万吨以上"十六年连稳"。延长油田能有今天的发展，饱含着您的汗水，融汇着您的智慧，也寄托着您的期望。在延长石油人的心目中，您一直是延长油田的一员，一直是我们德高望重的前辈和学习的楷模。在您追求科学、不畏艰苦、勇于实践的创业创新精神鼓舞下，延长油田继承发扬老一辈延长石油人埋头苦干的优良传统，不断深化改革、创新发展，当前正按照科技增效与管理增效"两条腿"走路的工作思路，致力于建设创新、效益、平安、绿色数字、和谐油田，沿着高质量发展方向勇毅前行。

饮水思源，为了表达延长石油人对您的衷心感谢和诚挚祝福，受延长石油集团党委书记、董事长兰建文同志委托，特请著名书法家陈建贡先生为您书写了"百年春秋华诞至，丹心明鉴石油情"祝寿贺词一副，把最美好的祝福献给您，祝愿您如月之恒、如日之升，学术常青、福寿绵长！

待疫情过后，定将赴京登门拜访。

陕西延长石油（集团）有限责任公司党委委员

延长油田股份有限公司党委书记、董事长李文明

2022年11月24日

/ 4. 玉门油田分公司党委致李德生院士百岁寿辰贺信 /

尊敬的李德生院士：

期颐寿诞庆升平，喜讯频传贺岁声。正值全国上下深入学习贯彻党的二十大精神、推动工作年终冲刺收官的特殊时刻，欣闻著名石油地质学家、中国科学院院士、第三世界科学院院士、中国石油工业奠基者、玉门油田开发建设功勋地质师李德生先生迎来百岁寿辰，谨向您致以崇高的敬意和衷心祝贺，并向您及您的家人表示最诚挚的祝福！

石油生涯起玉门，峥嵘岁月映丹心。1945 年，您大学毕业后来到玉门油田，参加当时国内的第一支重磁力测量队。从此，您以广袤无垠的戈壁荒滩为纸、以奔流不息的石油河水为墨，在这片红色热土上绘就为国找油的壮美画卷，玉门油田也成为您石油地质工作生涯的起点。从此，您常年风餐露宿，奔走在河西走廊东起武威西至敦煌的这片神奇土地，从事 1：50000 比例尺的重力磁力测图，进行路线地质调查工作，其间三次穿越祁连山脉分水岭，只为获取祁连山重力降的数值和地壳均衡补偿校正值；1946 年，您进入地质详查队，每天步行几十公里穿越丘陵山地之间，完成了 1：10000 的祁连山前大红圈背斜带地质构造图；新中国成立后，您 1954 年重回玉门矿务局从事地质勘探与油田开发工作，在您和众多技术人员的共同奋斗下，玉门相继发现石油沟、白杨河、鸭儿峡等油田，原油产量快速上升，建成了新中国第一个天然石油基地，奠定了新中国石油工业摇篮的坚实基础。

漫漫征途无穷尽，走南闯北谱华章。随着中国石油工业的发展，您先后参加了大庆、延长、胜利、大港、华北、辽河、中原等石油会战，用实际行动诠释了"我为祖国献石油"的铮铮誓言，哪里有石油，哪里就有您不懈耕耘的壮举，哪里就有您辛勤奉献的身影。新中国石油工业史，见证者数不胜数，亲历者寥若晨星，您无愧其一，您胸怀报国的理想追求、敬业奉献的高尚品质、求真务实的治学态度、勇攀高峰的科学家精神，是所有石油人的楷模榜样。

百年人生初心不改，岁月如歌德铭石油。您经历沧桑一百载，亲历了新中国石油工业发展的各个阶段，您的生命，不仅在年富力强时熠熠生辉，也在暮年壮志中流光溢彩，您用坚强和执着，向我们展示了生命的价值。您的功绩，玉门油田不会忘记；您的德望，玉门石油人永远铭记！

最后，再次把最美好的祝福送给您，衷心祝愿您幸福安康、福寿绵长！

中共玉门油田分公司党委会

/ 5.中国石化胜利油田致李德生院士百岁华诞贺信 /

尊敬的李德生院士：

在您百岁寿辰之际，向您致以崇高的敬意和衷心的祝贺，向您和您的家人表示最诚挚的祝福！

您是著名的石油地质专家、勘探专家和油气领域的战略科学家，亲历了新中国石油地质学的开创与发展。您长期从事石油勘探开发和地质研究工作，对我国陆相生油理论、含油气盆地构造类型、陆相湖盆储层研究、古潜山油气藏以及裂隙性储层特征研究等方面都做出了重大贡献。您参与编制完成了大庆油田第一个开发方案，明确了大庆二级长垣构造带整体含油，探明了世界上最大的陆相油田（大庆油田）。您参与创立了渤海湾油区复式油气聚集（区）带理论并指导实践，推动了渤海湾盆地原油年产量达到5000万～6000万吨，建成了我国东部第二个重要的石油产区。近年来，您始终初心不改、无私奉献，积极参加国家油气资源战略研究等重大咨询项目，提出了一系列具有前瞻性、战略性、综合性的建议，为保障国家能源安全做出了重要贡献。

您是胜利油田开发建设的重要奠基者。早期会战期间，您带领科研人员在最短时间内研究确定了地下复杂的断层系统，制定实施"区域展开、重点突破、各个歼灭"勘探战略，组织钻探的坨9井和坨11井获得高产工业油流，胜坨油田横空出世，成为胜利第一个主力油田，为后续大规模开发建设打下了坚实根基。当前，胜利油田正深入学习贯彻党的二十大精神和习近平总书记视察油田重要指示要求，坚定不移打造"端牢能源饭碗"的胜利样板，全力推动高质量发展、建设领先企业、打造百年油田，在新时代新征程上再立新功、再创佳绩，恳请您继续一如既往地关心支持胜利油田事业发展。

百岁华诞扬风骨，一片丹心向石油。您在石油地质领域不懈耕耘，用智慧和汗水推动我国石油工业繁荣昌盛，您胸怀报国的理想追求、敬业奉献的高尚品德、求真务实的治学态度、勇攀高峰的科学家精神，是我国石油石化行业的楷模和榜样！在此，衷心祝愿您健康长寿、阖家幸福。

中国石化集团胜利石油管理局有限公司
中国石化股份有限公司胜利油田分公司

/ 6. 中国石油辽河油田分公司贺信 /

中国石油勘探开发研究院：

在全国上下深入学习贯彻党的二十大精神、向第二个百年奋斗目标进军的关键时刻，欣闻石油功勋前辈李德生先生迎来百岁寿辰、贵院组织召开李德生院士学术思想研讨会，特向会议召开表示衷心祝贺，向李德生先生致以崇高敬意和诚挚祝福！

李德生先生为我国石油事业发展倾注满腔热忱，自 1945 年毕业于中央大学（现南京大学）地质系以来，长期在石油勘探开发和地质研究战线耕耘，从延长到玉门、从陕北到川中、从大庆到胜利、从大港到任丘，为一大批现代化石油工业基地建设做出了突出贡献；在中国陆相生油理论、含油气盆地构造类型、陆相湖盆储层研究、古潜山油气藏以及裂隙性储层特征研究等领域建立了重要功勋。

李德生先生在一个世纪的岁月里，取得了有口皆碑的学术成就、树立了令人敬仰的道德典范、书写了心怀家国的隽永篇章，值得广大石油人学习和继承。会议的召开必将对促进中国石油高水平科技自立自强和推动石油事业发展，产生深远而积极的影响。

诚请贵院代为转达辽河油田全体干部员工对李德生先生最美好的祝愿！衷心祝福先生松鹤长春，智慧永驻！

中国石油天然气股份有限公司辽河油田分公司

/ 7. 中国石油大港油田公司贺信 /

中国石油勘探开发研究院：

在党的二十大胜利召开的政治大年，欣逢石油功勋老前辈李德生先生百岁寿辰，贵院专门组织这次李院士学术思想研讨会，具有十分重要的意义。在此，我代表大港油田公司并以我个人名义，向研讨会的举办表示热烈祝贺！对我本人因疫情无法前往参会深表遗憾和歉意！

科学人生，荣光百年。李院士是我国著名的石油地质学家，是中国石油工业的奠基人之一。自 20 世纪 40 年代以来，李院士始终秉承"为国找油、为党育人"的理念，数十年如一日长期从事石油勘探开发和地质研究工作，足迹几乎遍布全国每一个大油田，身影几乎出现在每一次石油大会战，为我国油气事业发展做出了不可磨灭的重要贡献。特别是李院士创新提出的中国陆相石油地质理论、渤海湾油区复式油气聚集（区）带理论等学术思想，科学指导我国不同时期、不同盆地油气勘探开发取得了一系列重要突破，也对大港油田、华北油田的发现和发展起到了十分重要的作用。虽然这次因疫情无法前往参会，但我一定会认真研究学习李院士学术思想，并贯通运用到今后工作中去，努力寻找更多更优质的油气资源，为保障国家能源安全不断做出新的贡献。

最后，烦请贵院代为向李院士问好，真诚祝愿李院士身体康健、福泽绵长、春晖永绽！诚挚祝福贵院各项事业蒸蒸日上、百尺竿头、更上层楼，早日实现建设世界一流研究院的宏伟目标！

中国石油大港油田公司执行董事、党委书记　赵贤正

2022 年 11 月 10 日

/ 8. 杭州高级中学师生恭祝李德生校友百岁华诞的贺信 /

尊敬的李德生校友：

欣闻我校 1941 届校友、中国科学院院士李德生喜逢百岁华诞，杭高全体师生欢欣鼓舞，恭祝李德生院士校友松鹤长春、福寿无疆！

李德生院士 1941 年于浙江省杭州高级中学前身浙江省立联合高中毕业，1945 年毕业于南京大学前身中央大学地质系。

1991 年当选为中国科学院学部委员、地学部常委。1996 年当选为第三届中国科学院学部主席团成员。2001 年当选第三世界科学院院士。李院士是中国地质学会会员、中国地球物理学会创始会员、中国石油学会及中国海洋学会第二届常务理事、美国石油工程师学会会员及美国石油地质家协会终身会员。

李德生院士长期从事石油地质研究，作为"发现大庆油田的地球科学工作者"，是公认的石油地质大师，60 多年的油气勘探开发生涯，走遍全国许多个大大小小的油田，用智慧和汗水助力我国石油工业的繁荣昌盛；在长期科研工作中形成了自己的治学观点和方法，得到了国际科学界的高度评价，为推动国家科学事业发展做出了重要贡献。李院士的多项科研成果荣获国家自然科学一等奖、国家科学技术进步特等奖，是亚洲地区唯一一位 AAPG 石油地质学"杰出成就国际奖"获得者，并获得香港何梁何利基金会科学技术进步奖、陈嘉庚地球科学奖等。

勤于工作，勤于学习，是李院士科研上取得成就的成功之点，也是母校师生值得学习的地方。李院士心系教育事业的发展，先后培养出硕士、博士和博士后研究生 20 余名；心系母校的建设，九秩华诞那年就回母校杭高传经送宝，极大地鼓舞了杭高师生。

杭高目前拥有 53 位院士校友，而李德生院士的科学精神和母校情结进一步激励了杭高师生积极上进的斗志，为杭高的发展发挥了重要的作用！

李德生院士是母校杭高的骄傲！衷心恭祝李院士生日快乐、寿比南山、阖家幸福！

浙江省杭州高级中学

党委书记、校长 唐新红

2022 年 11 月 14 日

/ 9. 中国科学院院长侯建国贺信 /

贺 信

尊敬的李德生先生：

欣逢您百岁华诞，我谨代表中国科学院、中国科学院学部主席团并以我个人名义向您致以最诚挚的祝贺和良好的祝愿！对您几十年来为推动祖国科技和教育事业发展做出的重要贡献表示崇高的敬意！

作为我国著名的石油地质学家，您长期从事石油勘探开发和地质研究工作。您从 20 世纪 40 年代起就开始石油地质勘探生涯，为玉门、延长等油田开发建设和新中国石油工业发展作出了卓越贡献。您是大庆油田发现过程中的地球科学工作者之一，参与编制完成了大庆油田第一部开发方案——"萨尔图油田 146 平方公里面积的开发方案报告"。20 世纪 60 年代中期和 70 年代，您参与创立了渤海湾油区复式油气聚集(区)带的理论并指导实践，对我国石油天然气地质构造理论研究作出了重要贡献。您提出了我国含油气盆地三种基本类型的分类方案：东部拉张型盆地、中部过渡型盆地、西部挤压型盆地。在渤海湾盆地研究中，您全面论述了该盆地的沉积史、构造格局和油气田分布规律。用板块构造学说分析了我国海相和陆相含油气盆地大多具备多旋回叠合盆地属性，并详细解剖了这些盆地古构造、古地理和多套含油气系统特征。您在科学研究上硕果累累，先后获得了国家自然科学奖一等奖、国家科技进步奖特等奖 2 项、陈嘉庚地球科学奖等诸多科技奖励。您长期关心和支持学部工作，曾任第三届中国科学院学部主席团成员、中国科学院地学部第六届、第七届常务委员会委员，为推动学部发展做了卓有成效的工作。

您为人师表，以高尚的道德情操，求实的治学精神，深厚的学术底蕴，感召着青年学者沿着您开辟的科学道路继续攀登，为我国科技事业的发展培育了一批又一批的优秀学者。您虽已期颐，仍关心着中国石油地质科学的发展，可谓家国情怀，初心永驻。您是广大科技工作者学习的榜样！

衷心恭祝先生椿龄矍铄，鹤寿绵长，阖家幸福！

中国科学院院长
中国科学院学部主席团执行主席
二〇二二年十月十七日

仁者多壽

李德生院士
百龄大寿
辛丑秋月
晚学丁仲礼敬贺

2022 年 10 月，全国人大常委会副委员长、中国科学院原副院长丁仲礼题写贺匾，赠李德生院士百岁生日

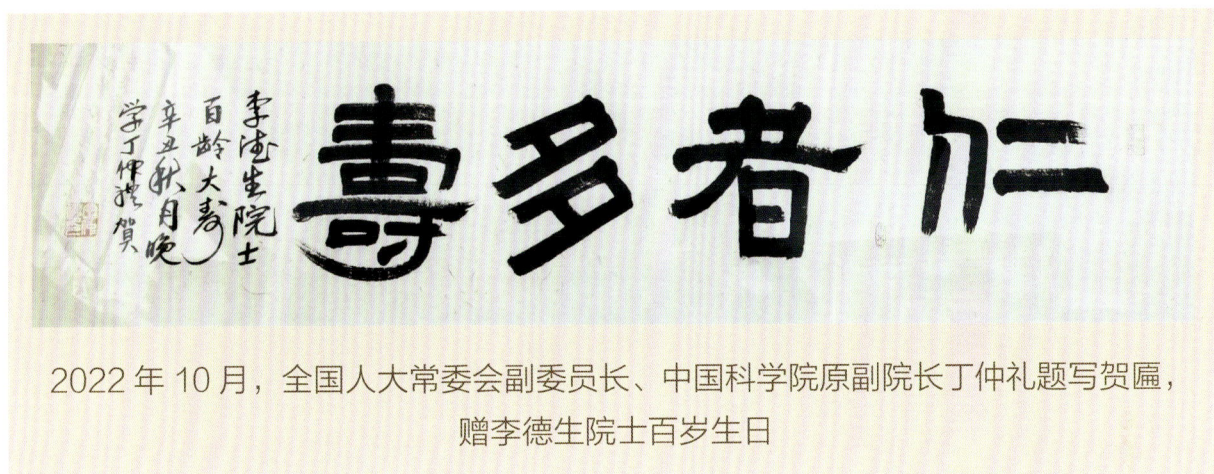

/ 11. 中石化集团董事长、中国工程院院士马永生来李院士 家中贺寿，并亲笔写下贺词 /

中石化董事长来李院士家中贺寿

（左起：中石化章治国主任、李允晨、李德生院士、马永生院士、窦立荣院长、李玉）

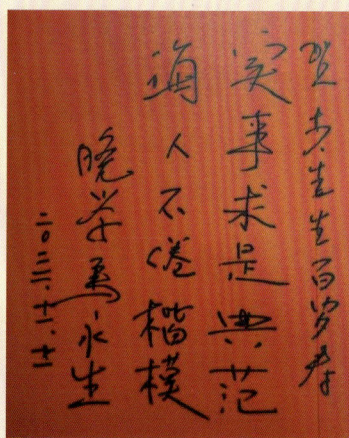

贺李先生百岁寿
实事求是典范　　　　晚学　马永生
诲人不倦楷模　　　　二〇二二.十一.十一

原石油部副部长李敬在写信（唐大麟　摄）

原副部长李敬
赠送的贺匾

尊敬的李德生院士：

拜读百岁院士十九日亲笔信，热情洋溢字迹
健美，心态平和身体健康，幸甚幸甚，非常高
兴。1982年10月我和张鸿飞等十二位老兵分别玉门大
个钻井队跟班实习。你的鼎鼎大名铭记在心，有天
在路上相遇，严寒的气候，狂风飞砂走石级成你目
骑一辆军轮车握手相识。

七十年半伴随着石油工业的发展，兵团将尾的我耳
闻目睹你和翁文波、郭明刘树人史久光等老一辈担
国石祖的开拓者精忠报国为开发石油艰苦奋斗百拼
不挠，爱党爱国爱人的民言行非常感人，使我这后
辈人炎有问心的崇敬，学习的榜样。
李院士刘党忠诚，政治责任心强，敬业拔群，勇于担
富，老宾人说老宾话做老宾事，为人厚道，坦

2.

尊敬的李德生院士:

拜读百岁院士十九日亲笔信,热情洋溢,字迹健美,心态平和,身体健康,幸甚幸甚,非常高兴。1952年10月我和张鸿飞等十一位老兵分别到玉门六个钻井队跟班实习。你的鼎鼎大名就铭记在心,有一天在路上相遇,严寒的气候,狂风飞沙走石促成你我同骑一辆摩托车握手相识。

七十年来伴随着石油工业的发展,兵头将尾的我耳闻目睹您和翁文波、邹明、刘树人、史久光等老一辈祖国石油的开拓者,精忠报国为开发石油艰辛奋斗百折不挠。爱党爱国爱人民的言行非常感人,是我这后来人发自内心地崇敬、学习的榜样。

李院士对党忠诚、政治责任心强,敬业乐群、勇于担当。老实人说老实话做老实事,为人厚道,坦诚直率,做事认真勤奋,真抓实干,含蓄低调,步步留印。学问渊博,远见卓识,明察秋毫,实事求是,尊重科学,坚持真理,宠辱不惊,无私无畏。严于律己宽以待人,工作中一些重大事情的正确意见未得到共识反而受到批评时能从容对待、努力工作。"事无愧怍心常坦",你的高尚人格魅力和卓著的业绩赢得了人们的敬爱,也激励着人们奋进!

事实最有说服力,李院士的言行是一部生动的思想政治和石油地质好教材。我要向您老老实实地学习,恭恭敬敬地敬礼。祝愿您健康幸福得活到127岁。庆祝在习近平新时代中国特色社会主义思想指引下中国实现第二个百年奋斗目标的强盛、美丽、幸福、欢乐盛况。

李敬,2022

/ 13. 中国石油原总经济师周庆祖贺词 /

　　我认识李德生同志七十年，我认为他最好的品质和思想就是一辈子不管在顺境还是劣境，有权还是无权，甚至在狂风暴雨的环境中对油从不灰心，始终坚持找油地质实践和理论的刻苦研究。这是什么思想，是最真实的爱油思想，爱国主义思想。这是地质工作者的典范。中国石油始终要把资源勘探放在最重要位置，今后石油工作者在党的领导下，只要有这种品德和思想，中国石油会永远立于不败之地，永远是中国能源最强大的支柱。

周庆祖

2022.11

/ 14. 中国石油股份公司原副总裁兼中国石油勘探开发研究院院长沈平平教授贺词 /

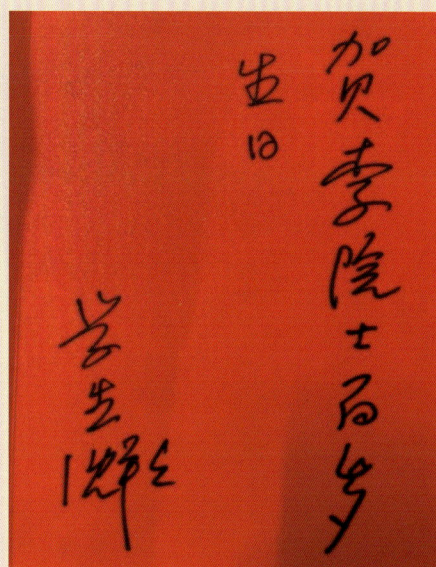

2022 年 10 月 12 日，沈平平教授来李院士家中贺寿并题词、合影

李廷栋院士（左）与李德生院士（中）、杨树锋院士（右）在院士大会上合影

贺　信

　　欣逢石油功勋前辈李德生先生百岁寿辰和李德生院士学术思想研讨会召开之际，谨表示热烈祝贺！

　　李德生先生是国内外著名石油地质学家，是我国石油地质勘探、地球物理勘探和油气开发地质开拓者之一，是大庆油田发现者之一。

　　70多年来，李先生从西北到西南，从东北到华北，从陆地到海洋，从油气勘查到科学研究，足迹遍及全国各含油气盆地和重要油气田。他艰苦奋斗、精益求精、重视实践、勇于创新，在油气地质理论、油气勘查开发等方面，都取得丰硕科学成果，为我国油气事业开拓发展和理论创新做出了杰出贡献。

　　衷心祝愿李德生先生健康长寿！祝研讨会圆满成功！

中国地质科学院李廷栋敬贺
2022年11月9日

贺　信

　　欣逢石油功勋前辈李德生先生百岁寿辰和李德生院士学术思想研讨会召开之际，谨表示热烈祝贺！

　　李德生先生是国内外著名石油地质学家，是我国石油地质勘探、地球物理勘探和油气开发地质开拓者之一，是大庆油田发现者之一。70多年来，李先生从西北到西南，从东北到华北，从陆地到海洋，从油气勘查到科学研究，足迹遍及全国各含油气盆地和重要油气田。他艰苦奋斗、精益求精、重视实践、勇于创新，在油气地质理论、油气勘查开发等方面，都取得丰硕科学成果，为我国油气事业开拓发展和理论创新做出了杰出贡献。

　　衷心祝愿李德生先生健康长寿！祝研讨会圆满成功！

中国地质科学院李廷栋敬贺
2022年11月9日

/ 16. 汪集暘院士贺词 /

德生院士：

　　前、昨两天参加中石油公司组织的两次以您命名的百岁寿诞学术研讨会，十分高兴并荣幸！您会上的两次发言情真意切，受益匪浅！这里再次祝您寿比南山、福如东海！期盼在您"茶"寿时再聚！

集暘谨呈

　　（注：汪集暘院士线上全程参加了 2022 年 11 月 13 日上午的"李德生院士学术思想研讨会"和 2022 年 11 月 14 日下午的中国石油集团召开的"李德生院士学术座谈会"。11 月 15 日特从香港发来贺词）

/ 17. 王颖院士贺信 /

中 国 科 学 院 院 士 用 笺
CHINESE ACADEMY OF SCIENCES

感谢 李德生院士 寄赠："100岁人生
德厚流光"百岁寿辰纪念画册,"地学前缘"
发表的石油矿产资源勘探、开采、成功地
填补油气短缺 的实际功效,对推助晚
学,我是学习的榜样、是鼓舞前进的力
量,而且,李院士一直关注从母校成长的
后生,亲切地给予指导。

李德生院士,立地球科学前沿,致力填
充我国油气能源诀要缺,立学以致用,以
身作则的实践中,树立楷模,功勋

——1—

中国科学院院士用笺
CHINESE ACADEMY OF SCIENCES

昭著，是我学习的榜样，前进之动力！

衷心祝贺李德生院士健康快乐！活力永驻！

南获京 王颖

恭贺于 2023.5.10.

谢々李玉十尃士的联系与帮助，保持联系，欢迎您们来李老的母校——南获子前身的中央大学访向。

－2－

感谢李德生院士寄赠"100岁人生　德厚生光"百岁寿辰纪念画册，《地学前缘》专辑发表的石油矿产资源勘探和开采，成功地填补油气短缺的实际功效，对于晚学之我是学习的榜样，是鼓舞前进的动力。而且，李院士一直关注从母校南京大学成长的晚学，亲切地给予指导。

李德生院士在地球科学前沿，致力填补我国油气能源之短缺，在学以致用、以身作则的实践中，树立楷模，功勋卓著，是我学习的榜样、前进的动力！

衷心祝贺李德生院士健康快乐！活力永驻！

谢谢李玉博士帮助联系上李院士，保持联系，欢迎你们来李老母校——南京大学（前身为中央大学）访问。

南京大学　王颖

恭贺于 2023 年 5 月 10 日

/ 18. 李宁院士贺词 /

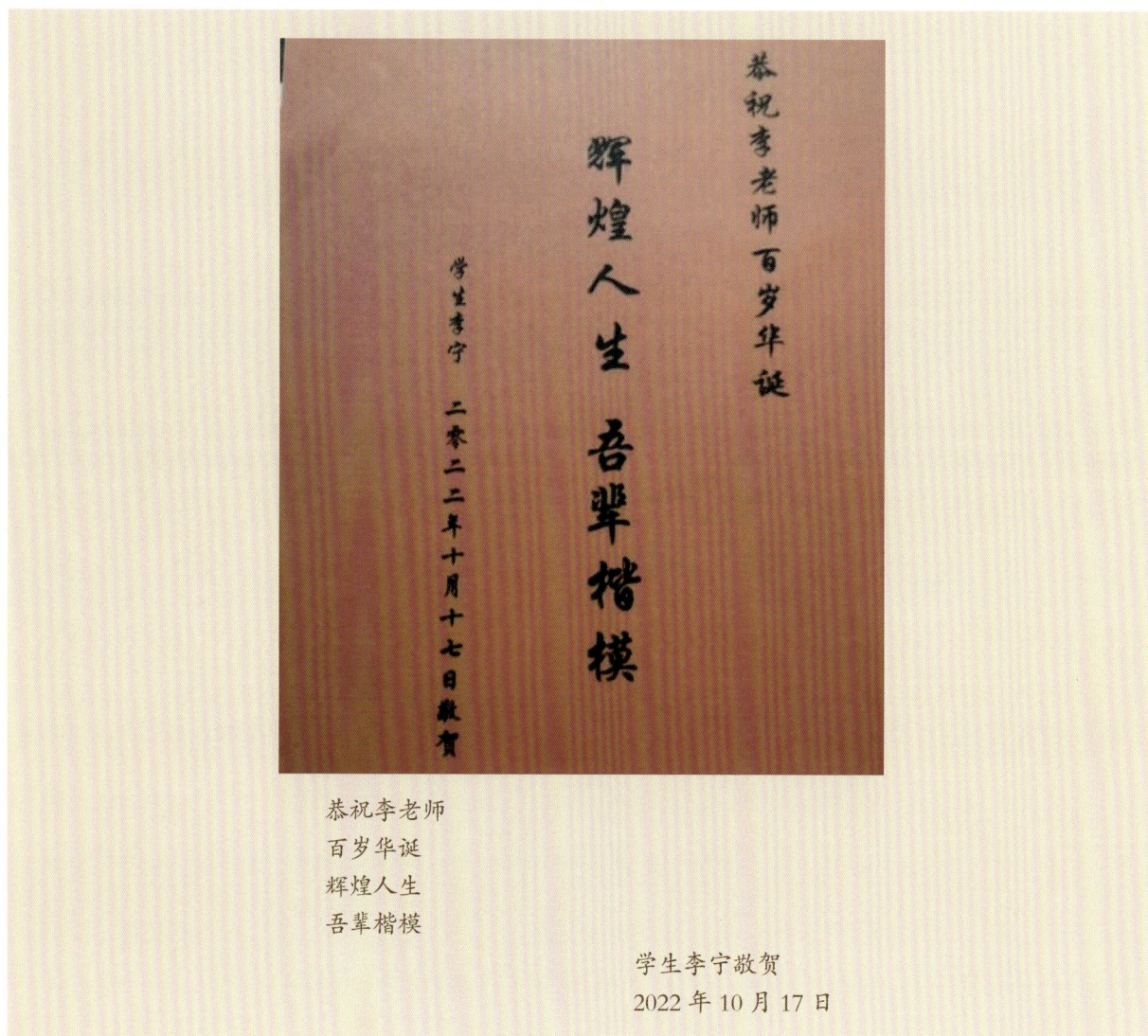

恭祝李老师
百岁华诞
辉煌人生
吾辈楷模

学生李宁敬贺
2022 年 10 月 17 日

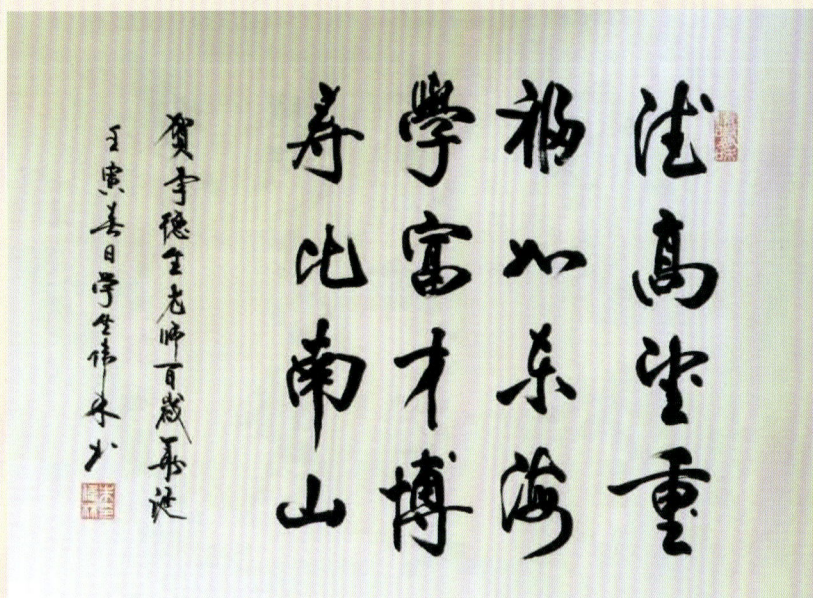

德高望重
福如东海
学富才博
寿比南山

贺李德生老师百岁寿诞
壬寅春日学生朱伟林书

/ 20. 中国石油原开发生产局总工程师潘兴国贺词 /

> 葡萄美酒夜光杯，
> 敬请寿星饮千樽。
> 世纪为油献大智，
> 辉煌成就励后人！

潘兴国

2022 年 11 月 13 日

/ 21. 石油工业部石油科学研究院首任院长张俊女儿张玉凤、女婿刘文华、外孙刘辉、刘璟贺信 /

庆祝李德生叔叔百岁寿辰庆典

今天是我们敬爱的中国科学院院士李德生叔叔百岁寿辰庆典，我们在此致以最诚挚的敬意、最热烈的祝贺。

李叔叔是父亲张俊同志的亲密战友。曾经多次在同一个单位为我国的石油事业奋斗。

1950年，李叔叔和我们父亲同在陕北石油勘探大队工作。父亲时任西北石油管理局副局长兼陕北石油勘探大队大队长，叔叔任第二地质队队长，在陕北从事石油勘探工作，共同为早期的我国石油勘探做出贡献。

1953年至1954年，李叔叔在延长油矿任主任地质师。父亲张俊在1947年任延长油矿矿长，那年，带领油矿的"工人支队"与国民党的胡宗南占领军进行武装斗争。延长油田也一直不忘这两位老战友。2017年，我们追寻父辈足迹到延长油田时，特别拜访了李叔叔战斗过的故地，记录下他题字写匾的"苏联专家招待所"旧址。

1960年，李叔叔与父亲一起参加了大庆油田的开发，在余秋里、康世恩带领下，参加了会战指挥部的工作，又一次在一起战斗。

20世纪70年代，石油勘探研究院成立以后，父亲和李叔叔又一次成为同一单位的战友。1977年，李叔叔参加了张俊的追悼会，告别了多次共同为我国石油事业奉献一生的战友。

我们再次敬贺李叔叔百岁寿诞，感谢叔叔为我国石油事业做出的杰出贡献，恭祝李叔叔健康长寿。

张俊女儿张玉凤、女婿刘文华、外孙刘辉、刘璟

2022年10月17日

/ 22. 美国华人石油协会 2006 年会长刘锡进博士贺匾 /

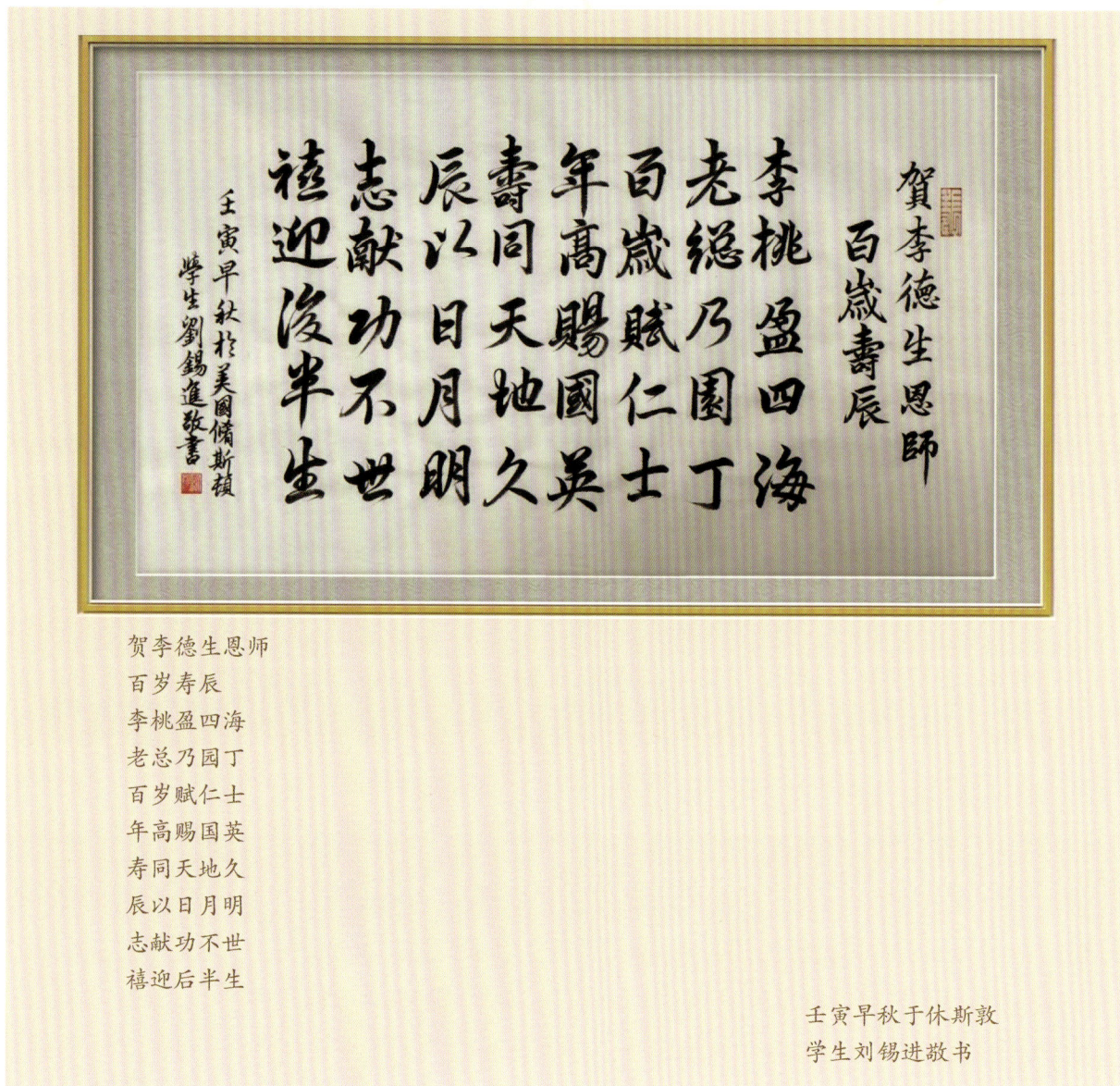

贺李德生恩师
百岁寿辰
李桃盈四海
老总乃园丁
百岁赋仁士
年高赐国英
寿同天地久
辰以日月明
志献功不世
禧迎后半生

壬寅早秋于休斯敦
学生刘锡进敬书

吴生玉博士为庆贺李德生院士、朱琪昌教授夫妇 90 岁寿辰创作的油画

吴生玉博士为庆贺李德生院士百岁寿辰创作的百岁肖像油画

国之瑰宝，
丹心铸就油田魂。
漠野遍访寻黑金，
沧海桑田见产油。
大漠穿行勘探路，
油田会战铸辉煌。
学贯中西谦和美，

四海来朝盛名隆。
地质修为举世稀，
油气贡献千秋功。
承先启后匡时运，
书写中华石油史。
笔墨难尽伯伯情，
真容寄寓万千宗。

推荐留学恩师举，
两家情谊七十载。
地质巨匠遍天下，
学子荣幸师承门。
祈我辈当效伯伯，
国泰民安盛世开。

《要永远做一个学生》
吴生玉贺李德生院士伯伯百岁寿辰

画家马涌先生为庆贺李德生院士百岁寿辰创作的素描画

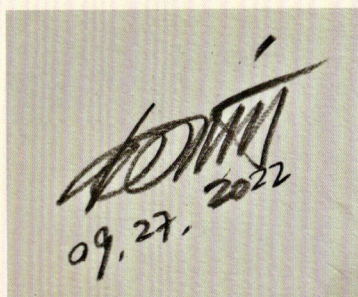

画家马涌先生创作李德生院士百岁寿辰素描画时的签名

/ 25. 中国石油勘探与生产分公司物探技术管理处 原处长王喜双夫妇贺文 /

我们的恩师李德生院士和朱琪昌老师

2022 年 11 月 13 日和 14 日两天，李老师的祝寿与交流活动非常精彩，令人感动。李老师一生成就非凡，令晚辈敬佩。李老师对朱老师的爱情，撼天动地，完美神合。他们的子女出类拔萃，个个精英。这样的老师，这样的爱情，这样的子女，我们有幸与李老师一家人相处多年，看到的皆是一件件真实的故事，如今就像一幕幕电影在眼前重现。李老的学术是石油大师，品德是人间楷模，百岁人生是晚辈的榜样。从 1982 年大学毕业在大港油田结识李老师一家人，到 80 年代有幸在勘探院作为李老助手，近距离跟随李老工作近 50 年。

2020 年 10 月 18 日，王喜双、宋岩在李德生院士家庆贺 98 岁寿辰

李老师培养学生学风严谨，强调综合，关心生活

我在 1985 年 7 月至 1988 年底，有机会做李老师的助手，在他身边工作，帮助整理《石油勘探地下地质学》，参加《津京地区廊固凹陷地质特征与勘探方向》研究撰写。李老师编辑的书，都是几十年积累的资料和实际工作经验，老师在大庆石油会战中提出的"取全取准 72 项资料"的实际经验，也编在书中，我也获益很大。在廊固凹陷研究中，李老师给我专门讲了勘探方向要注意构造带控藏、不整合地层油藏和陡坡缓坡带油藏分布，我就在导师的引导下，顺利完成圈闭评价的任务，为以后凹陷评价打下了基础。

李老师学术严谨，引入观点有出处。记得开海峡两岸交流会组织学术材料时，我把喜山运动对青藏高原和台湾中部山脉有很大作用引入，并提到喜马拉雅山现在还在上升。李老师要我引入文献，当时查资料不方便，查了一下没查到，就把这条放下了，可见老师工作的严谨。在为李老师准备 AAPG 会议材料时，李老师亲手作图，并告诉我要把各种资料变成自己的观点。这使我受用一生！

关心每个学生日常生活，是李老师另一个侧面。我在工作那几年，先后有胡国农、刘友元、姜仁旗、陈蟒蛟等入学做研究生，李老师和朱老师除关心我们的业务成长外，还关心每个学生的日常生活，每个学生住在哪个宿舍他们都去查看，询问日常需求。特别是每到节假日，把学生召集到家畅谈学习经验，更难忘的是让学生们大餐一顿。朱老师的红烧肉最拿手，还有鸡蛋饺。李老师亲自买烤鸭，他自己片成鸭片，鸭架还可以做汤。年轻学生多不把自己当外人，吃的就很多，大家饱餐一顿。我们学生和家属每每聚集在李老师家，再加上李老师的子女，真是太热闹了。我有时还上手做鱼，得到大家的认可，不亦乐乎。现在想想，那些美好历历在目，仍然能感受到老师和师母的爱心。

李老师子女都非常优秀，是李老师和朱老师培育的结果

我和夫人宋岩与李德生老师一家交往时间有 40 余年了。首先是李延博士和其丈夫王怀达博士，我们同为华东石油学院 77 级学生，当时李延是学校文艺干事，我在校文工团乐队。那时钢琴很少见，李延会弹，所以给我的第一印象是：这是一个很有家庭修养的学生。大学毕业分配时，我与李延一同分到大港油田研究院开发室。李延工作踏实、认真、努力，我们彼此印象很好。李延丈夫王怀达与我也交往较多，他不善言辞，知识面宽，很有才气。

来京给李老师当助手后，又认识了李老师小女儿李玉。当时她在全国储委下属的院储量办工作，人很热情，学习工作努力，正准备出国学习。现在姐妹们都家在美国，但往返于中美之间，工作出色。夫人宋岩多次与中国石油代表团赴美参加学术活动，受到时任美国华人石油协会会长、董事长李玉博士的热情接待。美国华人石油协会自 1983 年

成立，为石油技术交流做出了突出的贡献。

李肃博士是三子，是我国最早管理咨询和投行领域的专家，当时正为海南经济特区研究政策，李肃是中国首家咨询公司和君创业的创始人。

李允晨大姐，是中国的"老三届"。我们虽然没有多少交往，但知道她当时从东北农村插队和工作13年后回到上海，30多岁时仍选择了大学英语专业学习。后来到美国留学拿到社会学硕士学位，在美国最大的慈善联合会工作，并担任全美中文学校协会会长，成为活跃在休斯敦华人社区的侨领。给我的印象是，在帮她去清华附中取高中成绩档案时，各科分数都在90分以上，是个优秀的学生。

如今李先生的四个子女都在中美事业有成，且深受李老师影响，不忘初心，用所学之长帮助中国腾飞。他们的成绩是与李老师和夫人朱老师的视野、丰富的人生经历，特别是言传身教分不开的。

特写短文，庆老师百年寿辰，感恩老师的培养！

学生王喜双、宋岩

2022年11月18日

注：王喜双，博士，曾任中国石油勘探与生产分公司勘探项目处副处长、物探技术管理处处长，教授级高工，2017年10月退休。

宋岩，博士，教授级高工，博导，曾任中国石油勘探开发研究院实验中心书记，国家973首席科学家。2013年4月退休，曾被聘为中国石油大学（北京）非常规研究院院长，现聘中国石油大学非常规研究院教授

/ 26. 中国石油天然气勘探开发公司（CNODC）
原高级副总经理张兴博士贺文 /

一朝师生缘，终身学业路

2022 年 10 月 17 日是我博士导师李德生院士百岁华诞的喜庆日子，中国石油界、地学界、能源界、科技界，特别是石油相关部门举办系列庆典活动。我激动万分，写下此文，以作庆贺与纪念，献给导师百岁华诞！

缘起恩师，幸运入学

我 1982 年从四川南充西南石油学院石油地质系本科毕业，分配到河南油田地质研究院工作，后在地调处、钻井公司、测井公司、试油大队等现场实习工作，先后参加南华北煤成气勘探和主持井楼油田、古城油田勘探开发，取得了一些成绩和奖励（图 1）。1988 年 8 月至 1989 年 6 月在广州外语中心学习一年英语；1990 年 9 ~ 10 月，公派去加拿大学习，引进稠油油藏储集层图像分析技术（加拿大泥盆系和白垩系均有稠油油田），回来后利用国内外同行同业先进技术的研究与提升写成《图像分析技术在微观孔隙结构中的应用技术攻关》一文。

图 1　1986 年获得先进班组奖

（左四为张兴）

到 1992 年，我工作已有 10 年，职称为工程师。我深感基础地质理论和油气前沿技术掌握得不够，渴望能有机会系统学习和继续深造。2 ～ 3 月，我了解到只有学士学位、没有中间的硕士学位情况下，如果取得多项技术攻关成果并发表论文，可以同等学力身份参加博士生考试。恰巧位于北京的中国石油勘探开发研究院成立有研究生部，有中国科学院学部委员（后称院士）李德生先生等博士生导师可以招生。我知道李先生已是鼎鼎有名的院士，是中国石油勘探开发研究院总地质师，但我并不认识先生，不知自己能否符合先生的招收标准。掂量再三，还是鼓足勇气，向勘探院研究生部提交了报名参加同等学力博士生考试的申请。

不久接到了研究生招生办公室的回复，说我基本符合同等学力报考博士研究生条件，但是需要提前和导师说明，征得导师的考查和许可。我怀着忐忑不安的心情，一边准备着复习考试，一边等候通知。

后来才知道，勘探院研究生部陈蟒蛟主任和主管招生工作的王兰芝老师一同找到李院士专门汇报，就我只有学士学位、以同等学力报考他的博士一事商量如何处理。先生重视实际调查，没有一下否定，也比较慎重，告诉他们：他不认识张兴，也不了解他在河南油田工作情况，建议王兰芝出差到河南油田调查一下他在河南油田十年内做了哪些工作、油田领导对他的评价如何，必要时直接和他面谈一下，回来再研究一次是否同意他读博的申请。

王兰芝老师出差回京后，又和陈蟒蛟主任一同向先生汇报：讲了我的工作简历，主持井楼油田勘探开发时采用蒸汽吞吐热采，使 1987 年采油量达到年均 10 万吨；古城油田勘探开发中，采用浅层蒸汽吞吐，1987 年采油量亦达到 10 万吨，同时北部斜坡在 1988 年 8 月开始热采。历经外语培训、现代板块理论培训、现代沉积学理论培训，特别是海外储集层图像分析新技术访问学者等一系列实践与培训，参加过南华北煤成气资源潜力与成藏模式野外地质调查、三峡剖面和大汶口剖面，其本人主要搞储集层研究，有成果、有论文，已是油田核心骨干。调查结论是，此学生工作勤奋努力，同意他参加研究生部的博士生入学考试。先生重视实践能力和经验，赞赏基层骨干的上进心和奋斗追求，便同意了我的申请。

1992 年 3 月 30 日，我接到同意报考和参加考试的通知。4 月 12 日批卷后各门考试成绩平均 80 分，经研究生部和李先生同意，录取为勘探院 1992 年度油气地质与勘探专业博士生。那一年我 33 岁。

1992 年 9 月，我带着从业石油地质领域后的诸多疑惑和实践问题，带着深造、学习、丰富人生的理想，带着迫切提高学术思维能力、补齐知识短板、锤炼找油技能的渴望，带着学习成就事业、提高思想武装的朴素心态进京求学。非常幸运，没有硕士学位

的我，以同等学力博士生身份加入著名学者李德生院士门下深造，再次步入人生新的求学之路。

随师出行，言传身教

1993年元月初，我接到老师让我随他出发调研、找他商量工作的通知。去他办公室后得知，为落实1992年中国科学院第六届常务委员会地学部主任涂光炽院士提出的"上天、入地、下海"三大主题科研工作，由任美锷、孙枢、陈萝熊、苏纪兰、李德生、武衡等学部委员和多位专家参与下，开展"海平面上升对中国三角洲地区的影响及对策"的调研考察。我们的工作任务是，老师带我到胜利油田、大港油田、天津塘沽海洋基地参加沿海风暴潮对油田的影响调查。我兴奋之中带着紧张，兴奋的是我第一次随同老师出行工作，第一次近距离同这么多院士接触，紧张的是很多情况并不熟悉，怕有什么闪失，拖累老师。

老师看出我的不安情绪，安慰了我，说我在油田工作过的，有些基础和经验了，提前做些准备就好，调查中注意带着问题多看、多听、多思考、多做记录。在调查组到达天津上古林石化厂调查时，李先生带着我去了大港油田，一面会见他的老同事李绍光总地质师、孙宝绪所长等，听取他们近年来勘探开发工作的汇报，一面由我全面收集相关资料。工作中，老师处处操心安排，悉心指导。从把我介绍给油田相关领导、去相关部门接洽查阅资料，到叮嘱我收集哪些核心资料、做哪些分类统计与分析、关注问题与注意事项等，指明了工作方向。很快，我与老师合作，写出了一篇《沿海油田防止地面沉降的问题——以天津市大港油田为例》的调查报告。

工作期间，老师带我和考察组一同到上古林海边研究了历年贝壳堤位置的变迁，从生物带的迁移演化研究海平面的升降（图2）。记得当时武衡学部委员家在天津，他是1955年当选的老学部委员，并且担任过国家科委的领导工作，亦参加了大港油田和天津塘沽一带的野外考察。我们所住的天津宾馆与武衡院士家很近，老师有时就到他家中汇报沿海其他地区的考察成果。

后来，这篇《沿海油田防止地面沉降的问题——以天津市大港油田为例》文章收录于"1993年中国科学院院士咨询报告总参一号"，发表于《中国石油地质论文集（1986—1996年）》（260～270页）。上面的相关活动，让我增长了不少见识，也受到锻炼，受益匪浅。

图2　1993年2月，在大港油田考察渤海风暴潮汐对油田堤岸的影响
（左二陈梦熊，左四李德生，左五任美锷，右四武衡，后右三孙枢）

陪同赴疆，全面学习

1993年6月中旬，我得到通知，陪同和协助导师李德生院士和师母朱琪昌前往新疆参加"八五"国家重点科技攻关项目中期评估工作。后来了解到，1993年6月17日中国科学院地学部决定："85-101"项目塔里木盆地油气资源中期评估小组由导师李德生学部委员任组长（代表石油部）、欧阳自远学部委员（代表中国科学院）、程裕淇委员（代表地质部）和刘光鼎学部委员（代表地球物理界）和解源副处长（代表学部联合办公室），张抗地质师为程裕淇学部委员的助手。

导师出任"85-101"项目中期评估负责人，时年71岁。我这个刚入学不久的新生不仅获得检索、翻阅、整理、吸纳前缘地学资料的学习机会，而且还被委以协助导师工作和照顾老师生活的重任。这次任务重，涉及面广，而且读博期间相当于无形中增加了这三位著名院士成为我学习深造的导师。

项目中期评估工作从1993年8月8日在库尔勒市开始（图3），至8月22日在乌鲁木齐市结束，历时14天。其中第一阶段，评审组在库尔勒市听取了中国石油天然气总公司塔里木盆地指挥部项目负责人梁狄刚（总地质师）、贾承造（高工）、欧阳健（副总工程师）、王子江（副总工程师）、闫建富（处长）等对"85-101"项目01、03、05、07四个子课题的中期评估汇报（图4）。中期评估期间，参观了测井公司SUN-4工作站，地质研究

大队 SILICON GRAPHIC 工作站和各研究室。并赴现场考察提尔根构造 T102 井 10130 钻井队、轮南油田轮一采油联合站、塔里木河桥，并向南考察沙漠公路 108 千米路段（图 5）。

图 3 "85-101" 项目中期评估小组抵达乌鲁木齐市

（左起：张抗、随行医生、朱琪昌、程裕淇、刘光鼎、李德生、欧阳自远、解源，右一为张兴）

图 4 "85-101" 项目中期评估现场

（前排左四起：欧阳自远、程裕淇、刘光鼎、李德生、解源、张抗，后排左二为张兴）

图5 1993 年 8 月评估小组考察沙漠公路在路边合影

（后排左起：罗春熙、张兴、李德生、刘光鼎、程裕淇、朱琪昌、解源，前排右一为张抗）

　　塔里木盆地不仅地理、地貌情况神秘，而且偏远、封闭，荒凉、沙漠横亘，工作、生活环境十分艰苦。我们见证了石油人在荒无人烟的祖国边陲，无私拼搏、无私奉献的战斗场景，评估小组在赴轮南油田考察期间还遭遇了车祸的经历。

　　印象非常深刻的是，8 月 14 日上午，车队由提尔根 102 井队去轮南油田途中，第三辆车不幸向右侧翻滚到一条小沟里。坐在前座的欧阳自远学部委员受伤，右臂近肩部处骨折流血；后座的王之江轻伤，头痛；解源无恙，从车里爬了出来。车队停靠在路旁，身为专家组长的李先生面对突发情况，十分沉着冷静，急忙和陪同的塔里木指挥部钟树德副指挥一起安排车辆，将欧阳自远学部委员急送库尔勒市塔指职工医院住院治疗，轻伤和未伤人员改乘至其他车辆，又和程裕淇、刘光鼎学部委员商量工作日程，最后决定送走伤员后，全队按原计划去轮南油田参观（图6），当晚 23：00 入住轮南油田轮一联合站，中期评估和考察工作没有停滞，有序安排，未受什么影响。

图6 1993年8月，"85-101"项目评估小组部分成员考察轮南油田
（左起：张兴、罗春熙、李德生、朱琪昌、程裕淇、刘光鼎）

8月15日，由地质部西北地质局安排到沙参2井考察，该井于1984年9月22日在雅克拉构造上钻达井深5391.8米下奥陶统碳酸盐岩储层中获高产油气流，初期自喷日产油约1000立方米、天然气约200万立方米，塔北油气勘探取得重大突破。参观了该井的液化气厂和705前线作业区，在地质部705基地用餐，下午返回库尔勒市，准备搭当晚18：14的511次软卧火车去乌鲁木齐市，开展第二阶段的中期评估检查。住院两天的欧阳自远学部委员经手术后生活无恙，右臂用绷带抬举持平，可在房间内行走。他意志坚强，听说后，坚持出院和我们同乘软卧火车去乌鲁木齐市继续工作，塔指职工医院只好派一位医生随同送他，于16日上午10点到达乌鲁木齐市。

8月16日下午至19日上午正式进入第二阶段检查（图7），评审组分别听取了地质矿产部西北石油地质局康玉柱副总工程师、翟晓先高工、邱绳德副总工程师对"85-101"项目02、04、06三个课题的中期评估汇报，参观了设置在乌鲁木齐市的4381计算站和Landmark工作站。

图7　1993年8月，"85-101"项目中期评估第二阶段在乌鲁木齐市举行
（左起：张抗、贾承造、朱琪昌、李德生、程裕淇、刘光鼎、欧阳自远、康玉柱、张兴）

在地质部汇报及参观项目全部完成后，李院士把我找来，协助他赶写《中期评估小组对中石油和地质部汇报成果的中期评估意见》（草稿）。作为中期评估专家组组长的导师亲自上手，由先生写一页，我就用复写纸写3份，共10页，当晚分送程裕淇、刘光鼎、欧阳自远三位学部委员过目，提出意见。当晚再根据他们3人提出的意见，李先生将中期评估报告修改后，由我拿到西北石油局连夜打印出10份。

20日上午4位学部委员及工作组共同讨论中期评估报告（打印稿），下午请"85-101"项目石油部代表贾承造和地质部代表康玉柱对打印稿开展讨论、核实数据。22日中期评估小组结束在新疆的工作，由刘光鼎学部委员和欧阳自远学部委员率队返回北京，并将中国科学院地学部"85-101"项目中期评估小组报告带回北京，请地学部审批后再上报国家计委。

纸上得来终觉浅，绝知此事要躬行。通过会议检查、参观考察，我实地学习了项目与课题中期评估的主要流程、项目管理和评审的主要内容与关键节点。通过协助先生整理数据、资料和打印报告，我拓宽了知识面。整个中期评估检查过程中，先生总是以身作则，亲力亲为，给我树立了榜样，现在仍然历历在目。

8月22日，在新疆准噶尔盆地实习的先生的另一位博士生何登发前来向老师报告，在准东发现一个彩南油田，开采层系为陆相中、下侏罗纪油层，设计年产油量将超过100万吨。邀请老师再去考察看一看，并指导工作。于是李院士、朱老师和我三人在新疆留下几天，听取了准东石油勘探开发公司相关领导的工作汇报，参观了彩南油田（图8和图9）、新建的炼油厂和石化厂。饭后去准东公司矿区散步，矿区建筑面积10平方千米，已初具规模。老师兴致勃勃，同我们谈起新疆的油气发现，十分看好准噶尔盆地、塔里木盆地的勘探前景。30 年后的今天，回头来看，2 个盆地油气勘探事业的蓬勃发展，已经印证了老师的超前认识。

图 8 1993 年，考察准噶尔盆地东部沙漠区新发现的彩南油田

（右起：张兴、导师李德生、刘邦城、师母朱琪昌）（何登发摄）

图 9 参观彩南油田现场

（右起：张兴、李德生院士、师母朱琪昌）

9月6日，导师李先生在北京递交了"85-101"项目中期评估报告最后打印稿，面见地学部主任涂光炽学部委员汇报情况，并看望了欧阳自远学部委员，他已经正常在科学院上班工作了。

恩师助力，博士毕业

我从新疆回来后，很快投入到博士学位课程的全面学习中，刻苦学习。由于我在河南工作期间已是中共党员，所以在研究生部还担任了学生党支部书记和一些社团职务，工作勤奋努力。总体上，学习、工作两不误，取得了一些成绩。

1993年12月我和导师李德生院士讨论分析我的博士论文，确定选题为"黄骅拗陷断块运动学与油气聚集规律研究"。老师告诉我，对一个开发已三十多年的大港油田进行综合分析，是有一定难度的，但是有挑战，更是机遇。给我树立了信心，鼓足了干劲。题目确定后，老师又根据他70年代初曾在大港油田地质研究所工作、现场较熟悉的情况，亲自出面联系，推荐我1994年多次去大港油田收集资料。其间，又介绍我找到时任大港油田总地质师的李绍光老师、地质研究所所长孙宝绪老师等进行指导。因此，我的博士论文进展很顺利。

1995年3月14日上午，我从大港油田返回勘探院研究生部参加毕业综合考试，由导师李德生院士和陈发景、薛培华等老师出题，取得了综合评分85分的较好成绩。1995年7月，我的博士论文顺利通过答辩，并被评为优秀论文。

铭记教诲，学以致用

1995年8月我分配到中石油总公司国际合作局工作。开始在苏联、非洲、南美进行考察和调研，后来长期在南美秘鲁、哥伦比亚、厄瓜多尔和委内瑞拉进行国际合作勘探开发，长期担任中国石油天然气勘探开发公司（CNODC）厄瓜多尔公司总经理，南美分公司副总经理。2018年调回北京任中国石油天然气勘探开发公司高级副总经理，2019年退休。

自1992年至今，认识老师30年来，我一直在老师的指导、鼓励、关心和关怀下学习、工作、生活和成长。至今还记得与老师相处同行、协助工作的点点滴滴，"85-101"项目中期评估小组在老师主导下提出的10点意见，提出"要从塔里木盆地的具体地质条件出发，创立新的石油地质理论来指导盆地内的油气勘探开发实践……要建立起系统的石油地质理论体系，并坚持勘探、合理部署、深化认识，定会有新的更大油气田发现"。在一系列交流、讨论中，老师积极倡导以时代进步的眼光审视塔里木盆地的历史发展及其群英谱；以技术进步的眼光看待塔里木盆地盆缘解析法推动原型盆地勘探，以新技术为武器，抓住塔中隆起6200平方千米巨型凹中隆大目标展开深挖细找的规模型找油工作

布局，对盆内构造、地层不整合性、潜山内幕各类油气藏进行深入的解剖、透视与地史反演；以国家能源发展与需求的战略格局，科学透视、凝聚合力、整体解剖盆地资源潜力和发展前景，等等。这些教导与观点不仅影响着我后来的专业研究与勘探管理，而且今天看来仍然是极有价值的学术思想和理论财富。

回顾老师数十年的油气科研工作、坚持不懈跋涉找油生涯，在陆相油气形成与聚集规律、中国含油气盆地的构造类型、陆相湖盆储层特征、复式油气聚集（区）带的成油规律、古潜山油气藏、海相古生界储层研究、低—特低渗透储层的勘探开发七个方面的创新研究，搏击地学前沿，创立原型盆地多旋回多期次成藏理论，拨开中国贫油论迷雾，参与创立陆相生油理论，成为中国陆相石油地质理论的主要奠基人、陆相砂岩油田开发理论的主要建立者、含油气盆地构造学的开拓者、含油气盆地多能源勘探和立体勘探的先驱、奠基中国石油地质学的世纪功臣，堪称石油科学家楷模。

我铭记老师教诲，努力传承老师的相关地质理论和勘探开发技术，应用于拉美地区长期的勘探开发部署和生产管理工作中。一是深入安地斯前陆盆地群，注重国内成熟技术的应用与推广，强化创新思维，具体问题具体对待，形成了适用技术，储量、产量和盈利持续增长，2012年南美安地斯分公司被授予全国五一劳动奖状，本人获颁全国五一劳动奖章。二是加强以"思想建设"为核心的属地化技术与学术思想的建设，注重我国高、精、尖技术队伍的培训，在委内瑞拉前陆盆地实现资源、技术、工程建设上、下游一体化全产业链项目的规模型、效益型、和谐油区的建成和发展。三是推动拉美公司的多业务、多国家拓展，发展成为油气产品种类丰富、作业环境复杂多样、合同模式类型齐全、合作形式多元的综合性大区公司，实现了从小到大、从弱到强的跨越式发展，带动了集团公司工程技术、工程建设、贸易装备、服务保障等业务的一体化协同发展。

面向未来，我辈和后人将铭记老师"立志、敬业、勤奋、真言"的石油精神八字寄语，不断发扬光大！时值先生的100岁寿辰，谨以此文祝先生健康长寿！

张兴

2022年10月21日

/ 27.中国石油大学（北京）非常规油气研究院罗群教授贺文 /

我与恩师的师生缘

因书结缘

敬爱的导师李德生院士今年 100 周岁了，他的学生们正在筹备编写一本《李德生院士百岁寿辰纪念集》，我想写写我与导师的师生缘。

我 1989 年 7 月从中国地质大学（武汉）硕士研究生毕业后，到大庆石油学院任教，通过对自己近几年科研成果的总结和提炼，撰写了《断裂控烃理论与实践——断裂活动与油气聚集》书稿，准备出版。为了提高书的影响，想请一名有影响的专家写个序，当时只知道李德生院士在业内最有名气，就想请他写序言，但只知道李院士在中国石油勘探开发研究院，具体地址、电话等信息也不知道，就让同事白新华老师（书的作者之一）利用到北京出差的机会，把书稿送去，正好李院士不在北京，他就把书稿放在收发室。当时我想人家是大院士，我一个无名小辈（当年我 34 岁），李院士不一定有工夫关注书稿，只好抱着碰碰运气的心态，看看李院士能否看到书稿，是否愿意为书写序。李院士回来后，收到书稿，仔细看过后，马上与我联系。

1997 年 4 月某一天，正在辽河油田勘探开发研究院稠油开发所做项目的我突然接到一个通知，让我立即去总工办接一个来自北京的电话。电话是李德生院士从北京打来的，他说我给他送去的书稿《断裂控烃理论与实践——断裂活动与油气聚集》收到了，同意给书写序，但有些问题需要与我讨论，希望我近期能去北京当面谈。李院士还亲切地询问了我的生活、学习和工作情况，我十分感动，一个院士如此关注和关心我一个刚工作几年、远在东北边陲的年轻人，做梦也想不到。

后来了解到李院士给我的那个电话，是经过多个周折才找到我的，那个年代通信不太方便，打个长途电话不容易。李院士先是打到大庆石油学院总机，总机又转到勘探系办公室，系办公室的工作人员找不到我，多方打听才知道我在辽河油田出差，但辽河油田单位很多，好不容易才打听到我在辽河油田勘探开发研究院稠油研究所。我感到李院士做事是这样的认真和平易近人。

随后不久，我专程到北京，一是见李院士，二是联系上博士的事，打算去中国地质大学。当我走进李院士办公室时，一位慈祥的学者（当年李德生院士是 75 岁）健步且面带微笑地迎上前来，一股暖流涌上我的心头。

招为博士生

李院士亲切地询问我的家庭情况、教学科研工作及我写书的初衷，在对书稿给予肯定的同时，也提出了重要的修改意见和建议，比如一个小小的伊通断陷的断层控藏特征并不具有普遍性、代表性，要结合松辽盆地的断层活动及与油气成藏关系来总结断层控藏的普遍规律，进而才能上升为理论认识。

当老师得知我准备报考地质大学的博士时，当即说你就报考我的博士生吧，我立即高兴地答应了。那年（1998年）我按时向石油勘探开发研究院研究生部报名考博。我报考博士的过程十分曲折，由于我的英文底子薄，结果分数没上线，没有被录取。遗憾之余，李院士没有放弃我。事后我才知道老师叮嘱他的学生，我后来的师兄陈蟒蛟（现任中国石油勘探开发研究院西北分院党委书记）留意可能出现的机会，当时陈师兄正好主管研究生招生。果然，在那年开学前两个月、我已彻底没了信心时，突然有一天（1998年10月28日）中国石油勘探开发研究院培训部的老师给正要去上课的我打来电话，说有一个博士生退学了，问我愿不愿意来，我当然愿意，我当时高兴得在原地跳了好几跳，妻子惊奇地看着我"发神经"。

力促实践

上博士后，为了让我更好地发展和完善断裂控烃理论，在老师的帮助下我有幸参加了有关断裂控制油气规律的课题"柴达木盆地中西部断裂系统及其控烃作用研究"，老师认为柴达木盆地断裂对油气藏的控制特征非常典型，因为当他驱车路过柴达木盆地腹地有一个叫"开特米里克"的构造时，汽车不断起伏，他认为是地表有很多沥青脉的原因，而这些沥青脉正是断裂破坏地下油藏，导致石油沿断裂溢出地表，遭受风化氧化而形成沥青脉的结果。

为了进一步寻找断裂控烃（油气）的证据，在老师的帮助下，我三进柴达木盆地。青海油田十分重视，为安全起见，也为了更好地获得野外成果，当时青海油田勘探开发研究院院长胡勇指派了十余名专家（包括研究院第三系室的王铁成副主任）、两辆车伴随我一起。我们考察了昆仑山、当金山、祁连山、油沙山、狮子沟、油泉子、红沟子、开特米里克、花土沟、茫崖、鸭湖、冷湖等。有一天，正在高速行驶的车的前车盖突然打开，完全挡住了司机和我的视线（我坐在副驾驶），眼前一片黑，车在经历一阵剧烈的颠簸跳跃之后，侧翻在数十米深的悬崖边上，我的头顶被车顶板磕了个大包，差点昏过去，司机的头部也受了轻伤。还有一次，滚滚的沙尘暴突然从远方迅速向我们铺天盖地地压过来，我们赶紧钻进越野车，一会儿白天就变成黑夜，什么也看不见，沙尘暴过去后，车上覆盖了30～40厘米的厚厚一层黄沙。

艰辛与危险不但没有阻止我寻找断裂控烃证据的脚步，而且锻炼了我。我的野外考察取得了丰硕的成果，为断裂控烃理论的进一步确立和完善提供了更多野外直接证据，也为目前新发现的断溶体（也叫断控缝洞体）、断缝体、断壳体等超深复杂断控油气藏的勘探与开发提供了先例和启发。

意外发现

野外考察中，冷湖三号油田南部有一条断裂叫呼通诺尔，向东与冷湖断裂带相接，平均宽度 0.3 ～ 0.5 公里，沥青沿断裂带分布，位于断裂带上的石深 1 井从上到下钻遇了沥青层、稠油层或稀油层，稠油层与稀油层平均厚度 12 米左右。我结合地震、物理模拟实验和储量估算，提出了断层是一种具有长、宽、高的三维地质体，本身具备形成圈闭的 3 个条件，当有油源供给时，可以形成商业价值的油气藏，即"断层体油气藏"的观点，我把这个观点向老师进行汇报，老师给予了肯定，并提醒这种油气藏可能会因断裂常常活动而存在很大的是否能保存至今的风险。由此首次提出了"断层体油气藏"的概念、类型及成藏模式，并认为石深 1 井揭示的油藏可能是一个典型的断层体油藏，相关成果发表于 2004 年 6 月的《石油勘探与开发》上，文章名称叫《自然界可能存在的断层体圈闭》。

2012 年以来，中石化和中石油相继在塔里木盆地北部发现了顺北油田和富满油田，探明了十亿吨的石油储量，这两个油田的油藏特征都一样，均为断溶体油气藏，即油气都富集在由断层所控制的碳酸盐岩破碎溶蚀带这个三维地质体内。位于断裂带内的井几乎都能获得商业油气流，而位于断裂带外的井，几乎都难以获得商业油气流，目前日产千吨的井至少有 17 口，日产百吨的井很普遍。经考察并证实，断溶体油气藏实际上就是一种典型的断层体油气藏。

2019 年，中石化四川油田和中石化华北油田相继在四川和鄂尔多斯盆地的致密储层断裂带中，又发现了一种叫"断缝体"的新的油气藏类型，油气富集在断层控制的裂缝体地质体中。2021 年，中石化胜利油田在准噶尔盆地的车排子地区石炭系风化壳中发现了"断壳体"油气藏，这种油气藏受断裂和风化壳共同控制，油气富集在断裂带内的风化壳淋滤层中，目前探明和控制的储量达数千万吨。

从油藏分布、形态、内部结构和成藏过程等特征看，断溶体、断缝体和断壳体均是典型的"断层体"油气藏。近年来，这几类油气藏已在塔里木、准噶尔、鄂尔多斯、四川等盆地中发现得越来越多，成为油气勘探开发的热点和亮点。

师生同行

老师当年在勘探院主楼二层的办公室有两间，老师在里边一间，我和其他在读研究生在外边那间，老师有时中午不回家，师母朱琪昌教授和我爱人郑丽艳就做好饭菜送到办公室，我和老师一起边吃边聊工作、学习与生活（图1）。老师给我讲了许多石油界的事，比如中国石油工业起步、发展所经历的重大事件，也包括他在各个油田的经历，让我对中国石油发生的大事件有所了解。

图1 与老师在办公室用午餐

老师常邀请我们一家三口去他家做客（图2），妻子也常陪朱老师去市场买菜，有时也去帮朱老师做些家务，朱老师言传身教影响着妻子要如何经营好家庭，这些使我夫人受益颇多，她把朱老师作为她学习的榜样。

图2　1999年常常到老师家做客

　　攻读博士期间，老师经常带我参加重大活动与会议，如中石油一年一度的勘探年会（图3），石油行业召开的"石油论坛"及重要的学术会议，结识专家学者，让我增长了不少见识，也受到锻炼。

图3　参加座谈会

1999 年 10 月 1 日，中华人民共和国成立五十周年，我参加了中国石油勘探开发研究院举办的庆祝活动并与老师同台演出 "爱我中华" 大型文艺表演节目，在中国石油勘探开发研究院传为佳话，照片曾长期张贴在培训部大楼主厅的墙上（图 4）。

图 4 1999 年，庆祝中华人民共和国成立 50 周年，参加中国石油勘探开发研究院组织的 "爱我中华" 文艺表演，师生同台演出

（后排左四为罗群，左六为导师李德生院士，左七为沈平平院长，左八为培训部主任）

2000 年，老师与我合写完成出版 "院士科普书系" 中的《石油——人类文明社会的血液》。该科普书系结合了当代科学前沿和我国经济建设与社会发展的热点问题，普及科技知识，提倡科学方法，具有科学性、知识性、实用性和趣味性，这几点是编写该书系的总要求。

1998 年 6 月，中国科学院与中国工程院院士大会后，由中国科学院院长任 "院士科普书系" 编委会主任，并向多名院士发出《邀请科学家为 21 世纪写科普书》的约稿信，得到 100 多位院士的热烈响应。仅在此后半年多时间内，签订了 100 多份写作出版协议。由科学时报社提出创意，暨南大学出版社和清华大学出版社分别和作者联系，编辑出版。这是一个重大工程。书系共分三辑，第一辑 25 册，第二辑 25 册，第三辑 36 册，共 86 册。老师和我合作编写的《石油——人类文明社会的血液》被列入第三辑出版。"院士科普书系" 获得 2006 年国家科技进步二等奖（图 5）。

《石油——人类文明社会的血液》于 2002 年 2 月第一版（京）新登字 158 号由新华

书店总店发行。1999 年 12 月 23 日江泽民总书记为"院士科普书系"写序"提高全民族的科学素质"。2000 年 1 月 8 日，中国科学院院长、该书系编委会主任路甬祥也写序"人民交给的课题"。这项工作使我对科学家的社会责任感有所领悟。

图5 科普书获得 2006 年国家科技进步二等奖证书

2001 年博士毕业典礼上，老师亲自为我戴上博士帽，事后李老师请朱老师和我们一家在北京大鸭梨饭店吃饭，祝贺我顺利毕业并获得博士学位，鼓励我毕业后要继续不断发展和完善断裂控烃理论，为国家寻找更多的油气资源。

精心育人

老师为了夯实我的基础、提高我的业务能力，专门给我聘请了副导师王平教授，王教授是业内有名的构造地质学家，亲自给我讲《定量构造地质学》的课程。老师也以他的经典文章和著作作为教材给我讲解"渤海湾盆地构造特征与复式油气藏聚集规律"，老师博闻强记、求真务实、强调数据、治学严谨，给我留下了深刻的印象。老师经常强调"要深入现场，实事求是，理论联系实际；理论要来源于实践，又必须指导实践；只有博闻强记，才能推陈出新"。博士期间安排我作为骨干参与了老师的"东北地区天然气成藏富集规律""黄骅拗陷北塘凹陷构造特征及油气成藏特征"两个项目，并让我独立完成"柴达木盆地中西部断裂系统及其控烃作用"研究项目，这些都为提高我的科学素质、让我进一步发展和完善"断裂控烃理论"奠定了坚实的基础。

我博士答辩时，老师在国外考察，他联系了专家对我的博士论文《断裂控烃理论及其在柴达木盆地和渤海湾盆地北塘凹陷的应用》进行评阅，专家们对断裂控烃理论的提出和应用给予充分肯定：胡见义院士专门到办公室来讲述他的评阅意见，并赞赏"断裂控烃理论很有特色，水平较高"；马宗晋院士认为"断裂控烃理论的提出具有开创性"，黄弟藩教授的评语是，"新创'断裂控烃理论'是石油地质构造学的重要的理论发展，反映作者勇于探索的独创精神"。同年我的博士论文被评为北京市优秀博士论文，并连续 2 年被送去参加全国优秀博士论文评选。经过 3 年的博士研究经历，我没有辜负老师让我继续发展和完善断裂控烃理论的殷切希望。

老师一直很关心和关注我的工作，2012 年中国石油大学要成立新单位，即非常规

天然气研究院，我很高兴加入了非常规研究院。回到主业后，在老师的继续指导、关怀下，在学校、非常规院的帮助支持下，事业迅速进步：成功申报 2 个国家自然科学基金项目，获得多个省部级一等奖，成为国家 973 项目、中石油 - 中国石油大学战略合作项目的专题及课题负责人，2017 年到美国访问，2018 年晋升教授，2019 年成为博士生导师，2022 年聘为"石大学者"。

助我成长

博士毕业后，老师仍然十分支持和关心我的成长。2012 年，老先生已 90 岁高龄，仍然关心和指导我的断裂控烃理论研究。最终我牵头的成果通过了鉴定，获得 2012 年教育部高等学校科技成果一等奖，为我以后的发展（包括晋升教授和博士生导师等）提供了重要支撑，我的"石大学者"的帽子就是这个奖给戴上的。

2009 年，我将油气成藏研究与地球物理勘探紧密结合，提出了充分利用地球物理技术及其成果来研究复杂地质条件下油气成藏机理与分布规律的"地震成藏学"的学术思想，并及时征求和听取了老师的意见，老师给予了肯定、指导、鼓励和支持，相关成果在石油工业出版社出版了专著《地震成藏学概论》，老师也欣然为专著写了序。2013 年，中国石油勘探开发研究院西北分院与中国石油大学（北京）在兰州举办了"首届地震成藏学学术研讨会"，91 岁高龄的老师亲自到会指导（图 6），对我起了巨大的鼓舞作用。地震成藏学成果在 2015 年获得中国石油和化工自动化协会科技进步奖一等奖。

图 6 首届地震成藏学学术研讨会会议代表合影

（一排左五为李德生，二排左三为罗群）

每逢有重要的国际性、全国性学术会议，老师一旦知道我参加，就要找到我的分会场听我做报告，2018 年，我首次提出层理缝是控制致密油（页岩油）富集最重要的地质因素，在 2021 年的第八届中国石油地质年会上，老师亲自到我所在会场听我作《致密油储层层理缝富油模式》报告并给以肯定（图 7）。另外，我写专著出版，老师常常作序以鼓励，如在《断裂控烃理论与实践——断裂活动与油气聚集研究》中的序中说"断裂控烃理论观点的提出难能可贵，希望断裂控烃理论能引起我国石油地质界的关注和鼓励"。

图 7 第八届中国石油地质年会上

左到右：罗家国（罗群教授的研究生）、鲜成钢教授、李玉博士（李院士女儿）、李德生院士、罗群教授、贾丽高工（罗群的学生、大港油田专家）、郑丽艳（罗群夫人）、邵春雷（大港油田专家）

传承精神

自 1997 年至今，认识老师 26 年来，我一直在老师的指导、鼓励、关心和关注下学习、工作、生活。老师的教导与言行不仅影响着我的思想与教学，我也义不容辞地将老师的故事、学风、精神传承给我的各届学生们。2023 年 4 月 18 日，我带着我在校的 12

名研究生，参观了初步建成的、位于八达岭长城之下的李德生院士与朱琪昌教授纪念室（图 8）。那里展示了老师百岁庆活动的精彩图片及许多实物展品，同行的学生们饶有兴趣地看着各个展品，仔细地聆听李肃博士的介绍，认真听我绘声绘色地对历史场景的描述，他们深深地被师爷高远的志向、渊博的学识、坎坷的经历和卓越的成就及对国家巨大的贡献所吸引、所感动，立志一定学好石油知识，传承师爷的石油精神和严谨的科研作风，并把师爷作为自己人生的楷模，不断地激励自己勤奋学习、努力工作，创新成果，石油报国。

图 8　参观位于八达岭长城脚下的李德生院士及朱琪昌教授纪念室

学生罗群写于北京，2023 年 6 月 6 日

/ 28. 中国石油勘探开发研究院高级工程师李伯华博士贺文 /

我的恩师李德生院士

2005年我有幸考入先生门下，成为先生指导的最后一名博士研究生，无意中成为关门弟子，诚惶诚恐！2008年博士毕业后，留在勘探开发研究院工作，担任先生的助手，不知不觉中，在先生身边度过了17个春秋。在这17年中，我陪先生去过油田现场，开展过考察野外露头、观察岩心、调研等科研活动，与先生相处时间久了，对先生的人格魅力感受颇多。

先生的谦逊

尽管先生在石油地质方面的造诣已享誉国内外，但在与人交流专业方面的学术问题时，先生身上丝毫没有大学问家的威严，听别人讲得多，自己说得少。2009～2011年，我陪先生先后去过大庆油田、吉林油田、四川油田、青海油田、延长油田、胜利油田、辽河油田、大港油田、冀东油田、新疆油田和塔里木油田，按照先生的设想是90岁之前趁着身体还好，把我国的油气田重新走一遍，收集一些新资料。

每到一个油田，先生最高兴的事是听取油田的领导或专家汇报勘探开发进展。每次听汇报，先生就像个小学生一样，全神贯注，认真聆听，努力记笔记。先生对油气相关数据非常敏感，诸如地层深度、储层厚度、孔隙度与渗透率、储量、产量、含水率等，不但记在笔记本上，还在会后通过回忆把当时来不及写全的内容补充完整。

2009年10月在吉林油田调研，考察过程中油田给先生汇报了注二氧化碳区块驱油进展情况，第二天在回京的火车上，我们在谈到注二氧化碳驱这项新技术时，老人家把吉林油田实验区块的名字和井号以及注气前后产量变化数据如数家珍地又给我讲了一遍，这次的经历让我对先生的记忆力佩服得五体投地。先生从不对油田汇报同志的新认识给予否定评价，多数情况下他会讲历史上他们曾在这个盆地、区带、领域或方向上做出了什么样的探索，供油田现场的科研人员对比参考。

2009 年 8 月在玉门油田调研

2009 年 10 月在中国石油大学（北京）参加学术交流会

2010 年 8 月在塔里木盆地考察库车拗陷露头

2011 年 7 月在冀东油田调研

2011 年 12 月在胜利油田考察

2012 年 9 月在大港油田调研

用先生的话来说，油田的同志长期扎根油气勘探开发生产一线，对现场资料掌握更多、认识更深刻，在没有充分的研究之前，对地下的了解一直是个不断探索、认识的过程。在很多场合先生的题字是"理论来源于实践，理论又用于指导实践"，先生一生践行这个理念，用极其谦逊的态度对待科学问题。

2009年9月在吉林油田调研

先生的谦和

跟随先生这么多年，从未见他对任何人生过气或动过怒。不论是我们一起讨论问题还是他让我做些什么事，一直都是非常低调和我商量，从未命令或指示，即使我做得不好的地方，先生也不会有过分指责，实在惹老人家不高兴了，也只是"唉"一声，表达他的不满。

每次有人来访，对初次见面的人，他都在他的本子上记下来人的姓名、地址、电话号码，包括随行的摄影师、工作人员等，工作完成后，老人家还不忘对他们表示感谢。陪先生每到油田现场，都会有油田工作人员主动帮他拿手提包，都被先生礼拒了，用先生的话解释，年龄大了，脚下不稳，手里拎个包更能保持身体平衡。即使是我，也很少替他拎包。其实质是老人家觉得自己能拿得动时一定要自己拿，不给别人添麻烦。很惭愧，给先生当了这么多年助手，拎包的机会都不多，倒是体验了几年先生给我当司机……2012年之前，先生冬季、夏季或雨雪天都开车上下班。那时我还没有驾照，尽管国内交规是超龄不让上路，老人家拿了个国际驾照，不出大院门，从家到办公室500米，以不超过15公里／小时的速度开车上下班。我每天早上步行至先生家，陪先生坐电梯到地下车库，坐到副驾驶位置，和先生一同驱车去上班；下班时，继续坐在副驾驶的位置，护送先生回家。好多次被同事们遇到，诧异并羡慕，有位师兄取笑我说，你这小子和老师到底是谁给谁当秘书，汗颜……那时候，先生紧握方向盘的身影，是勘探院的一道风景。一直到90岁在师兄陈蟒蛟劝说下他才停止开车。先生一生怕给别人添麻烦。我们一起出差时，他的行程安排都会考虑到接、送人员，会不会影响到别人正常吃饭、休息。一般我们出发时间都会选择司机师傅们饭后。有时候因航班晚点，他还要提前准备点钱，给接站的司机师傅，觉得因为自己行程耽误了人家吃饭，表达歉意。2009～2011年我陪先生密集到访过很多油田，当时行程安排满，是老人家觉得年龄大了，哪怕身体再好，去哪都会给接待的同志带来压力，90岁之后他基本没怎么出京。

先生的节俭

2009年夏的一天，我去接先生上班时，进家门就听朱老师（先生的夫人）对老先生说："你脚上的这双皮鞋旧了，要不要星期天去商场，我为你买双新皮鞋？"老先生对师母说："我经常要去油田调研，有时还要上井场去，穿旧皮鞋合适，有时候还需要穿工鞋上井。"朱老师觉得他讲得有理，也就打消了为他买新皮鞋的意见。在我的陪同下，他又开开心心地去办公室了。那时候先生经常偷偷去邮局给资助的学生们寄钱，这些事他从未告诉我，也不让我去办理，我也是一次无意中看到他的笔记本中的一沓收据才得知。2008年汶川地震，他捐了1万元；2020年为新冠疫情他捐献了2万元特殊党费。2013年，先生的母校（南京大学）想以先生的名义成立一个奖学（助学）基金，被先生婉拒，先生和师母共同为母校捐款9.5万元。从认识先生的那一天起，印象中先生在办公室一年四季都是那件灰色夹克衫，袖口磨坏了，衣服上还有些星星点点洗不掉的墨迹。先生也有穿着高调的时候，在一些重要的节日或出席隆重的活动时，他也是西装革履，不仔细观察他衬衣那已经磨坏了的衣领，还以为先生在穿衣方面挺讲究。其实先生年轻时也是风流倜傥，看过他1946年前后在上海拍的照片，那时候先生的西装也很是笔挺，光鲜亮丽，帅气十足。我认识先生时，他的帅气与高贵已刻入骨子里。

先生与师母

2020年是个不寻常的年份，我回湖北老家过春节，因疫情，4月初才返京。疫情期间，我每周都和先生通个电话，本来计划五一国际劳动节后去先生家走走，以前的惯例

是春节前离京时到先生家拜个早年，春节返京再去先生家报个到。这一年却已经有 3 个多月没见到两位老人家了。

2012 年 10 月学生及家人庆祝老师、师母 90 大寿

2020 年 5 月 3 日，惊闻噩耗，师母仙逝。5 月 4 日见到先生时，他已不复往日的风采，面容憔悴，神情悲戚，不怎么说话，多数是盯着放在他家客厅一侧钢琴之上的全家福照片沉默不语，时不时地用毛巾擦拭眼角。感觉他整个人深深沉浸在无限的哀伤中。

5 月 6 日，从 306 医院送朱老师的棺木去昌平殡仪馆，行程中先生一直看着前车，一句话也没有说，到达殡仪馆，我搀扶先生下车时他才有些反应。在向朱老师遗体告别时，老人家终于忍不住失声痛哭……在工作人员再三催促下，先生暂时停止了哭泣，我把他搀扶坐到椅子上。在等待遗体火化的时候，先生一直在控制自己的情绪，依然情不自禁地抽泣，最终又忍不住放声痛哭。跟随先生这么多年，从未见先生如此"失态"，我手足无措地搂住先生，想安慰老人家。但看到先生悲痛欲绝的神情，任何言语都无法抚慰先生内心深处无尽的悲伤。师母朱琪昌老师出身于杭州市大户人家，按现今的说法，是妥妥的"白富美"。先生出生于上海市弄堂的一个普通店员之家，家境贫寒，多次经历辍学危机，是根正苗红的穷小子典范。朱老师 1943 年与先生相识于重庆中央大学，大学毕业后，放弃大城市优越生活，选择陪先生奔赴大西北，开启了神仙眷侣幸福美满的一生。

朱琪昌老师遗像

　　我 2005 年认识朱老师时，老人家已 83 岁高龄，依然坚持自己做饭、收拾家务、安排好先生的衣食住行。尽管老两口已相伴过了 40 多年，朱老师还不吝对先生的赞赏，用朱老师的话说，李德生是个干大事的人，我努力把家里的事打理好，让他没有后顾之忧，可以潜心做他的科研了。先生在参加历次石油会战动辄几个月都不能回家，家里老人、孩子的事都是朱老师一手操持，从延长到玉门、四川、大港、五七干校、北京，那个年代打包搬家成为家常便饭，练就朱老师收拾行装、重装出行的绝活，更是能够一个人扛 4 个大行李箱赴美国探亲。有朱老师这样的贤内助，先生的事业才能基业长青。其实早在 2013 年，朱老师已经行动不便，出行基本靠轮椅。2017 年每次去接先生到办公室，朱老师只是坐在轮椅上下意识地看看我，到后来基本上已经不说话。每次我和先生离开家时，先生都要告诉她："伯华来接我去办公室了，中午回来吃午饭呀"，也就是先生的话能让她老人家能缓缓抬起头，目送先生走出家门。先生是个唯物主义者，虽然知道分别终有一天会到来，但朱老师真正离去时，他还是难掩内心的伤痛。还记得 10 年前两位老人共同切蛋糕过 90 大寿的情景，两位老师是同年生，先生是 10 月份，朱老师是 11 月份，一般过生日时会选择 10 月底或 11 月初，一起给两位老人家祝寿。今年的秋末少了一位切蛋糕的老人，深切缅怀敬爱的朱老师。今年是先生的 100 岁寿辰，谨以此文祝先生健康长寿！祝敬爱的朱老师一路走好！

李伯华 2022 年 11 月 14 日 18:25 发表于北京

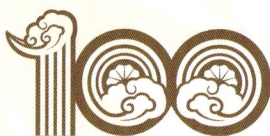

/ 29.张传淦女儿、中国地质图书馆高级工程师张尔平贺文 /

李德生院士旧事二三则

2022年11月13日，为庆贺李德生先生百岁诞辰，我有幸参加了"李德生院士学术思想研讨会"，代表李先生同门故旧的子女前去祝贺。李先生精神矍铄，做了大会发言，赢得热烈掌声。一位先生的健在，代表了一个时代的存在！那一代人的音容笑貌、为人处世的高贵品格并未离我们远去，一直影响着我们。

1979年，父亲张传淦从西北重回北京，自然高兴。兴奋的缘由之一是与三位南京大学同窗工作在一处，即吴崇筠、田在艺、李德生。三位已是国内石油地质界的业务领导和知名专家，著书立说，学术硕果累累。四人再次同在中国石油勘探开发研究院共事，都五十来岁，发已花白，却精力充沛，是一段每每回味的好年华。

如今，三位老同学已离世多年，唯有年轻时未必健壮的李德生院士寿登期颐，思维敏捷，交谈亲切顺畅，谁人不赞叹！

同窗

父亲怀念抗日战争时期他们在重庆沙坪坝中央大学（现南京大学）地质系，同学之间关系多么融洽！那些慨叹留给我深刻印象，李德生举止文雅、言谈逻辑性强，是一位在同学中间有组织能力、颇具威信的人。1944年3月，比他们高一级的一些大四同学被征调到驻华美军当翻译，地质系举办欢送活动。张传淦写了系里十位同学打油诗式的壁报，写李德生"性豁达，广交游，同窗多才善辩，绅士风度十足"。那时，正是李德生与外文系朱琪昌同学的热恋时期，该女生貌美且学习成绩十分优异，同学们对李德生羡慕得很。打油诗写到这一节，有一众男生吃不到葡萄的味道。这些都记录在张传淦的日记里，现收存于中国石油档案馆。

2018年，写《少言笃行——我的父亲张传淦》一书，就抗日战争时期流亡学生的生活、教学等事，我去李先生办公室请教。李先生谈起他与贷金的往事，竟成了难得的当事人口述资料。抗战时期，政府建立了贷金制度，给流亡学生发放贷金。领取贷金要签字盖章，毕业后工作要还钱。据李先生回忆，他最初在中大领取贷金，每月30元。随着物价的上涨和升入大学贷金数额的提高，至大学毕业时，已是每月领取300元，累计有4000余元。1945年6月中大毕业，李德生和田在艺、张传淦一道从重庆去玉门油矿工作。

路途遥远，油矿给每人汇来差旅及安家费10000元。李德生拿这笔钱首先还了贷金。中央大学颁发的毕业证书形似奖状大小，背面写得分明：该生所得贷金已还清收讫，并盖有公章。

我听闻此事大为感慨：那时正当抗战胜利之前，政局、战局一片乱象，东西部流通的货币不统一，随后内战烽火又起。乱世之下，偿还贷金与否，无人催讨，全凭个人诚信和修养。主动交纳，可见君子的坦荡胸怀。

2022年11月的会议上，得《李德生院士画传》一册并李院士百岁寿碗一对。画册里，有大学同学合影，有1957年石油部第二届勘探会议预备会议合影。从中看到父亲的身影，倍感亲切。更有一张是1945年10月，三位同学初到孙健初先生领导的玉门油矿地质室工作，与师长翁文波、卞美年的五人合影（图1）。

图1 玉门油矿地质室前合影

（左起：翁文波、李德生、张传淦、卞美年、田在义）

2023年5月，中央广播电视总台拍摄《我的艺术清单——李德生》一片。李先生已是101岁高龄的老人，还亲力亲为，审阅了拍摄文案和每一张照片。导演本拟删去那张五人合影，李先生坚持要放，说这张照片非常重要。6月29日，从电视片里看到这张从

小就熟悉的照片，放大至整个屏幕。震撼，又感慨万端！

扶危济困

有一件事，让父母一直心存感激。1948年，母亲吴琦从山东去兰州石油探勘处找张传淦。正逢淮海战役前夕，铁路阻断，百般困难，只有转道上海乘飞机去兰州。飞机票价"大翻跟斗"且一票难求。张传淦焦急万分，只能拜托在上海的李德生夫妇帮忙。李德生刚从台湾做重磁力勘探回到上海，极忙，而夫人朱琪昌正怀着长女李允晨，身子沉重。我母亲吴琦又突然上门寻求帮助。从安排住处、千方百计买机票到送至机场，都是一位孕妇承办。倘无李德生夫妇慨然相助，吴琦搞不到机票，悻悻回山东，二人天南地北，未必有后来的合婚。

寿　碗

2009年父亲90岁寿辰时，我们定制了200个"寿高心清"碗。题字用回文格式，左右可读。碗分一对两只装盒，赠予亲友和同事。李先生喜欢这碗的样式。李先生的女儿李玉想到两位老人同窗同事的情谊，得到兄弟姐妹一致赞成，于是照此定制寿碗200对，并做了改进设计：字体的颜色更加温润；碗分两种，题字各不相同，分别是"仁者多寿"和"不老人生"，并有丁仲礼院士的贺词。父亲90岁寿辰、李先生百岁寿辰的寿碗，外形和底色图案相同，题字各有千秋。这是二位老同学喜欢的器型，上面有二位老人欣赏的话语，令晚辈十分感动。

特以此文祝贺李德生院士百岁寿辰！祝李伯伯福如东海，寿比南山！

四、CCTV3《我的艺术清单》节目及观后感言

/ 1. 2023 年 6 月 29 日《我的艺术清单》海报 /

/ 2. 2023 年 6 月 29 日《我的艺术清单》微信传播稿 /

题目 / 文学版：期颐之年一席话，胜读十年圣贤书

中国石油大学（北京）教职工合唱团《我为祖国献石油》的歌声中，100 岁高龄的中国石油地质奠基人之一、中国科学院院士李德生先生来到了《我的艺术清单》的演播室。李老百岁高龄，仍旧耳聪目明，才思敏捷，跟着歌声轻轻地和唱。他说，一听到这首歌，就好像到了石油勘探的现场。

中国石油大学（北京）教职工合唱团演唱《我为祖国献石油》

在他的解读中，歌词里的"头顶天山鹅毛雪"所指的是克拉玛依油田、"面对戈壁大风沙"是玉门油田、"嘉陵江边迎朝阳"是川中油田、"昆仑山下送晚霞"是柴达木油田、"茫茫草原立井架"是大庆油田、"云雾深处把井打"是四川气田，这些油气田都有李德生先生的足迹，歌词就是他真实经历的写照。

2023年6月29日CCTV3《我的艺术清单》节目主持人朱迅采访李德生院士

　　他拿出一只1945年购买的罗盘，这是他用自己第一个月的工资买的"奢侈品"，它陪伴着李老参加了八次"石油会战"，"大庆石油会战，我这个罗盘是用上了"。李院士还有记日记的习惯，他带来的两个日记本上密密麻麻地记录着每个工作的时间地点和内容，尽显一位科学家的严谨认真。

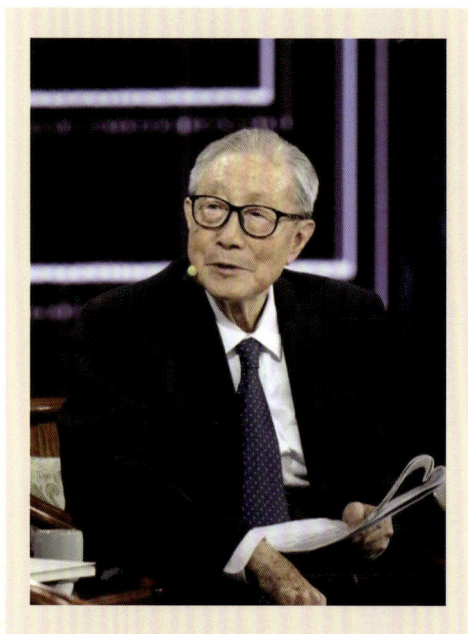

相濡以沫的爱情

（短视频一）

　　1945年，李德生先生毕业于重庆中央大学地质系。毕业后选择到甘肃玉门油矿工作，更浪漫的是，他还在这里与后来的妻子，外文系"校花"朱琪昌相遇。朱琪昌1941年到1943年分别在上海沪江大学化学系和福建南平东南联合大学外文系就读，1943年考入重庆中央大学外文系。李德生先生毕业后，朱琪昌毅然决然地随他去玉门戈壁滩，两人情定终生。据说，20世纪80年代那部讴歌新中国石油大业的石油电影《创业》素材里就有这段佳话。

　　刚刚说起1945年的那第一笔工资，除了购买了罗盘，还有一条毛毯送给了当时还是女友的朱琪昌，虽然妻子已在2020年98岁高寿时去世，但情义犹在，绵长不绝。

2023 年 6 月 29 日 CCTV3《我的艺术清单》节目主持人朱迅（左）采访
李德生院士（中）和女儿李玉博士（右）

李德生先生的女儿李玉也讲起了家里 1960 年购买第一架钢琴的经历，尽管当时物质匮乏，但精神与艺术的富足是朱琪昌相夫教子的智慧。妻子朱琪昌在有四个孩子需要照料的情况下，一边白天工作，一边读北京石油学院机械工程夜校，拿到双学士学位，并后来成为一名高级石油工程师。正如女儿李玉所言，父母爱情是真正的"相濡以沫、三观一致，互相成就"。

北京音有爱合唱团演唱《送别》

再看看李德生先生的艺术清单，无论是《送别》、维也纳新年音乐会的《蓝色多瑙河圆舞曲》，还是《梁祝》，无一不寄托了这段佳话，虽然再次响起的音乐已不似当年，但艺术与灵魂伴侣的相随，又何惧人生与事业的山高路远。

黎雨荷、赵阳、初墨妮、郑文婷、马艺菲演奏《梁祝》

手绘的嘉峪关成为文献

（短视频二）

位于甘肃省的嘉峪关，号称"天下第一雄关"，自古以来就是边关要塞，是通往玉门油田的必经之路。李德生先生在玉门油田工作多年，见过"大漠孤烟直"的荒凉，也体验过"春风不度玉门关"的寂寥。但在石油人的心中，荒凉的表面下却全是富矿与宝藏。

在艰苦的勘探工作之余，李德生先生用自己高中的素描功底，画成了嘉峪关的春夏秋冬，他高中的美术老师孙多慈，曾经是徐悲鸿先生的学生，教他静物素描；他大学的地理教授丁骕讲授地貌学，让他画山、画水、画树

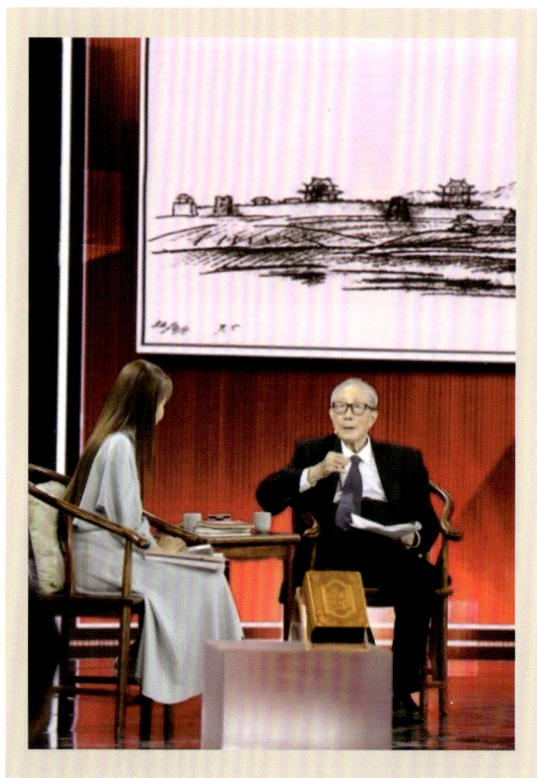

林。而今，这本李德生素描画册既是艺术作品，更是手绘的地质文献，是艺术，是情怀，更是一段珍贵的历史。

与百岁老人聊天很励志

（短视频三）

"立志、敬业、勤奋、真言"是李德生院士给自己弟子的箴言，"不抽烟，不喝酒，拿工作当乐趣，不停思考，不畏困难"是他百岁高龄的养生之道。期颐之年，身体健康，还坚持工作，为热爱的事业奉献终身；有灵魂伴侣一路相随；而今桃李天下，儿孙满堂……我们几乎想不出比这更"精彩"的人生实例了！

李德生院士的弟子蔚远江博士（右二）、李伯华博士（右一）参加访谈

百岁的李德生先生手里一直拿着节目组的文案，仔细地标注重点，认真回忆，娓娓道来，讲出来的每个字都透着幸福。（文 / 马宁　图片摄影 / 史浩均）

/ 3. 2023 年 6 月 29 ～ 30 日《我的艺术清单》新媒体传播规划稿 /

短视频一

百岁院士的择一事、爱一人、终一生。

1945 年的第一笔工资，李德生先生除了购买了罗盘，还有一条毛毯送给了当时还是女友的妻子朱琪昌，虽然妻子已在 2020 年去世，但情义绵长不绝，每次到妻子的墓前都会唱起《送别》。

短视频二

100 岁院士李德生，至今依旧坚持工作，将一生精力献给祖国的石油事业。如今百岁的李老，仍旧耳聪目明，才思敏捷，几乎每天 10 点到下午 2 点还会工作，晚上 11 点左右睡觉。一旦有约，一定就是早晨六点着装完毕，像学生说得从不迟到。三餐时间一定是边吃边看国内外新闻、做笔记。

翻开李德生先生的素描画册，这既是手绘的地质文献，更是一份艺术作品，是那段时间买不起相机的他对石油事业的热爱与情怀。包括他参与《我的艺术清单》录制，对节目文案也仔细标注，这是这位百岁老人严谨治学的习惯与态度，不得不让人敬佩。

短视频三

100 岁李德生院士四个孩子的名字也是随着他们夫妇寻找石油的足迹起的。即使那时物资匮乏，李德生夫妇富足的精神世界影响着子女的成长。你的名字有什么故事吗？

短视频四

李德生先生从 1983 年开始到 2008 年一共有 25 名学生，现在皆是栋梁，他还有八字箴言送给广大学子。

/ 4. 中国工程院院士赵文智感言 /

　　今天晚上我看了李德生老师的《我的艺术清单——李德生》节目，时近午夜，却夜不成寐。通篇都充满真诚、真情、真言和真大学问！我看后既感动又敬佩，感动李老师对25名毕业学生充分肯定。其实我们学生距离老师用百年足迹留下的伟大形象还相去甚远，我们学生要永远以老师为榜样，高山仰止，学岸无边。感动李老师面对相濡以沫几十年的伴侣，我们尊敬的朱老师，永远都是理解、呵护、尊重和陪伴，即便当下与朱老师已天上地下天各一方，但在心中最圣洁的地方永远为自己一生的挚爱留有永不被占据的空间，这是一份随时间而永不褪色的纯情和坚守，值得我们后生永远学习！

　　敬佩李老师对我们学生的关心和爱护，老师的"八字"寄语：立志、敬业、勤奋、真言。这是李老师一生都在默默践行的真实写照和缩影，路走得久了就形成了具有李老师特征的科学家精神，他在言传身教引导我们学生树立起有操守、有坚持、有付出和有担当的责任感和追求。敬佩李老师面对磨难、挫折和不如意而能永远坚持实事求是，不唯上不唯高，只唯实！敬佩老师几十年如一日，守着自己的职场选择，不忘初心、牢记使命、无畏艰险、不达目标誓不罢休地坚持。

　　我们可以告慰老师，我们向您学到了勤奋，我们日复一日不忘耕耘；我们学到了胸有志向，我们始终走在坚持既定目标的路上，义无反顾；我们学到了敬业，因而保持定力，积细流以成江河；我们学会了唯实求真，不人云亦云，坚持真理是唯一标准。

　　在央视接受朱迅采访时，李老师讲的每一句话我都能理解，他说的话就像涓涓细流能够流入心田，润物无声！李老师的德行、学问、眼界和格局是我们学生一辈子都学不完的，他就像功力无法估量的武林大家，靠模仿是学不到大师的硬功夫的，我们需要在学习中体会，努力学到李老师精神的真谛！我们愿意沿着老师留下的足迹，继续接踵前行，为国家为民族贡献真本事、拿出硬功夫和奉献正能量！

　　祝李老师福如东海，寿比南山！

五、CCTV1"最美科技工作者"颁奖活动

科技强国　强国有我 |《闪亮的名字——2022 最美科技工作者发布仪式》

央视网 | 2023 年 07 月 20 日　11:15:03

　　为深入贯彻落实党的二十大精神，激励广大科技工作者立足两个大局，心怀"国之大者"，坚持"四个面向"，加快建设世界重要人才中心和创新高地，中央宣传部、中国科协、科技部、中国科学院、中国工程院、国家国防科工局等 6 部门向全社会公开发布2022 年"最美科技工作者"先进事迹。

2023 年 7 月 20 日 CCTV1《闪亮的名字——2022 最美科技工作者发布仪式》海报
（左五为李德生院士）

　　《闪亮的名字——2022 最美科技工作者发布仪式》在中央广播电视总台央视社会与法频道（CCTV12）7 月 20 日 20:37 首播。播出期间学习强国、央视新闻、央视频、央视网等新媒体平台同步直播。

2022 最美科技工作者发布仪式

[中央宣传部分管日常工作的副部长、文化和旅游部部长胡和平（中间），中国科协党组书记贺军科（左四），中国科学院党组成员、副院长周琪（右四），科学技术部党组成员、秘书长林新（左一），国家国防科技工业局党组成员、副局长潘爱华（右一）。最美科技工作者获奖者为：袁守根（代领，左二）、刘中民（左三）、唐立梅（左五）、柯卫东（左六）、马依彤（左七）、李德生（中坐）、范代娣（右六）、李桂科（右五）、邓景辉（右三）、陈章（右二）]

　　"最美科技工作者"学习宣传活动自 2018 年以来已连续举办 5 届，每年选出 10 位先进个人，在全社会营造尊重劳动、尊重知识、尊重人才、尊重创造的浓厚氛围，激励广大科技工作者以"最美科技工作者"为榜样，树立把论文写在祖国大地上的价值导向，把人生理想融入为实现中华民族伟大复兴的中国梦的奋斗中，在全面建设社会主义现代化国家新征程中奋勇争先、建功立业。

李德生

中国石油天然气股份有限公司勘探开发研究院著名石油地质家、中国科学院院士

【一片丹心向石油】

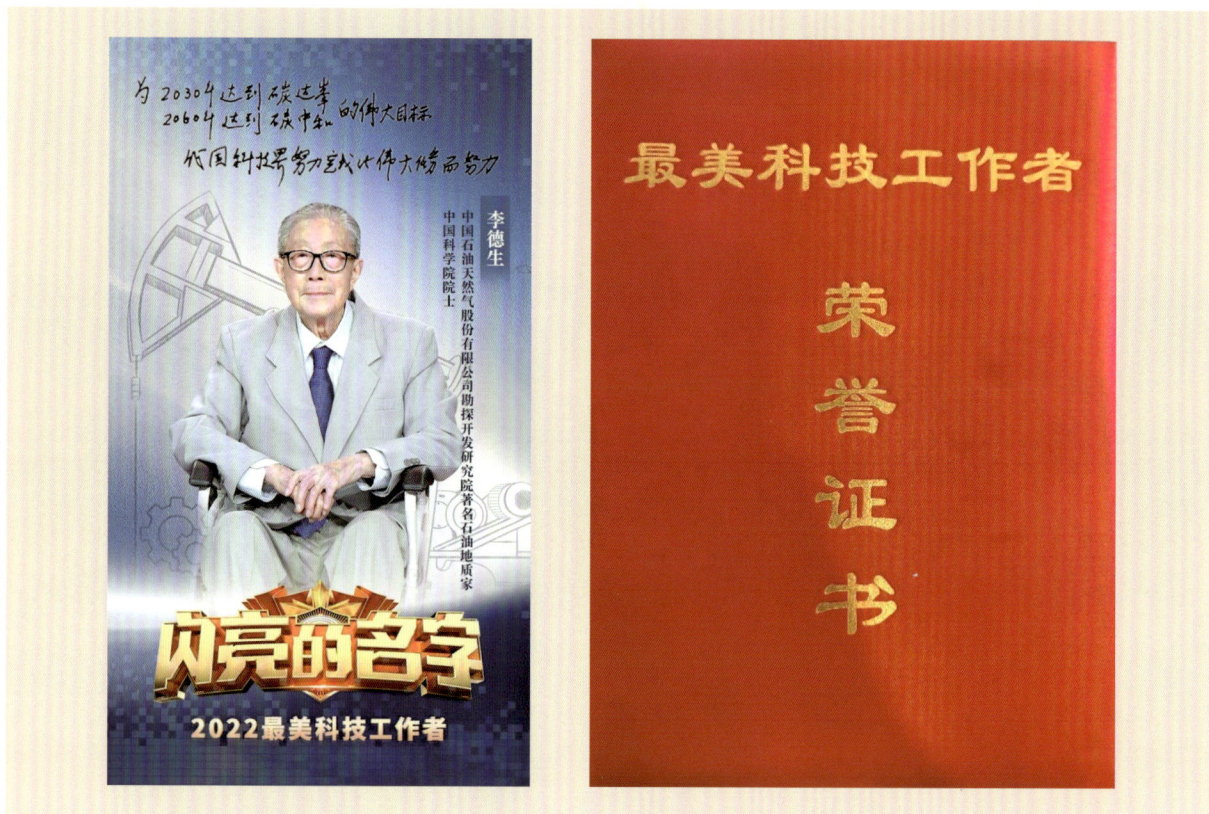

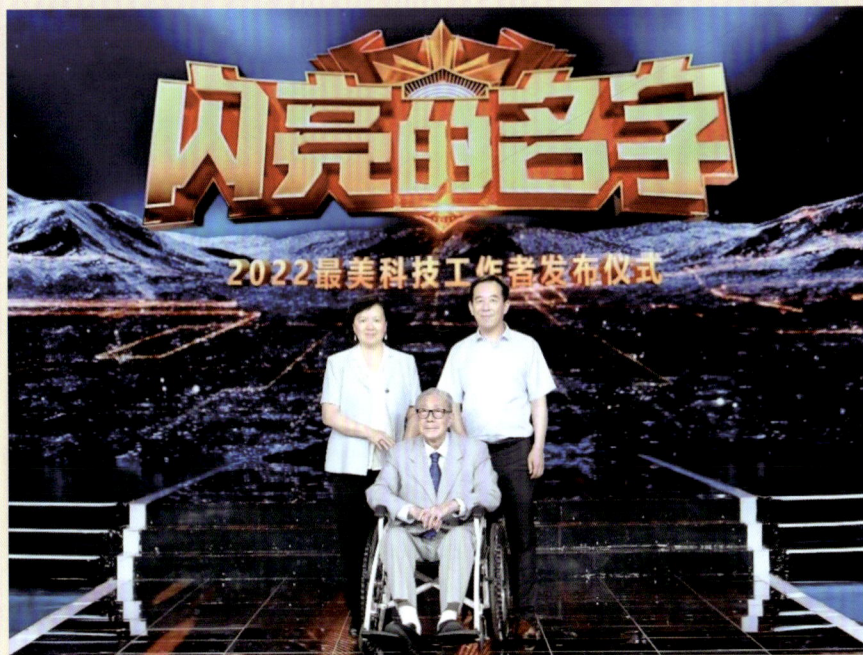

2022 最美科技工作发布仪式上留影

（后排左起：李玉博士、李伯华博士）

2022 最美科技工作发布仪式上合影

（后排左起：主持人王刚、李院士女儿李玉博士、主持人王宁）

CCTV1主持人王宁访谈李德生院士

六、 部分报刊、公众号文章

/ 1.《中国石油报》2022 年 11 月 15 日第三版：我的石油地质生涯 /

我的石油地质生涯——中国科学院院士、石油地质学家　李德生

中国石油报，2022-11-15　第三版

李德生院士回忆会战时的场景（余海　摄）

立志

　　我的少年和青年时期是在家境贫困、社会动乱和日本侵略中国的环境中成长的。1937 年我在上海刚读完初中，就爆发抗日战争。由于不满日本侵略军的统治，我被迫只身离开上海，到浙江丽水碧湖省立联合高中读书。1941 年高中毕业的那年，日军又在浙江温州登陆，占领青田，进逼丽水。我和一部分毕业班同学离校，途经江西、湖南，一路跋山涉水，换乘了各种交通工具。8 月份，中央大学、浙江大学、武汉大学和西南联

大四校统一招生考试，我在湖南衡阳报名参加统考。考试期间，日军飞机经常轰炸衡阳。我们白天在防空洞口复习功课，晚上到考场应试。11月份，我在桂林打工期间收到中央大学地质系的录取通知后，就由广西经贵州到重庆沙坪坝中央大学报到。那年，中大校舍遭日军飞机轰炸受损，新学年不得不延后到12月才开学。在校期间，我选择了经济地质专业，对石油地质、煤田地质和金属矿产地质加大了学习力度。当时日本侵略军占领我国东部和中部半壁江山。我国西北和西南抗日后方地区汽油、柴油等燃料奇缺。学校通往重庆市区的校车，有些用木炭炉产生煤气行驶，有些用桐油、植物油炼制的柴油作燃料，困难至极。1939年在甘肃玉门发现了老君庙油田，给抗战军民带来了信心，依靠我国自己的科技和经济力量建立石油工业。

经过中央大学地质系4年的努力学习和3个暑假野外地质实习，我于1944年经老师介绍加入中国地质学会（学生会员），结识了一些地质界前辈学者。1945年7月，我大学毕业，获理学学士学位，时年23岁，很想到当时比较贫穷落后的西北地区工作。正值资源委员会甘肃油矿局玉门油矿来校招聘地质技术人员，我和其他几位同学报了名，经面试录取。我到甘肃油矿局重庆办事处报到，领取重庆至玉门的路费，并预支一个月的工资，我还清了4年学习期间的战区学生贷金。当时抗日战争尚在进行中，我告别了老师和同学，于1945年7月7日从重庆歌乐山资源委员会运输处搭乘运送油矿器材的卡车北上。到歌乐山来送别我的是我的大学女友朱琪昌，她是上海沪江大学化学系转到中央大学外文系读书的学生，比我低一年级。她鼓励我去西北建设石油工业，并答应在她毕业离校后，也到西北来和我结婚，将家安顿在玉门。

从重庆到玉门，公路里程共2500多公里，由于卡车车况不好，沿途走走停停，经常抛锚，花了两个多月时间，于9月10日才到达玉门油矿。矿区南侧是雪峰连绵的祁连山，山麓则是一望无际的戈壁砾石滩。从上海滩到戈壁滩就是我从事石油地质工作的起点。

敬业

1945年10月5日，我国第一个重磁力测量队在酒泉成立，队长是翁文波先生。我被分配到该队工作，在河西走廊从事地球物理勘探工作。抗日战争胜利后，这个队又调到台湾，从事台湾西部平原区的重磁力勘探工作。1948年中国地球物理学会在上海成立时，我也是该会创始会员之一。

1959年至1963年，我参加了松辽盆地和大庆油田的勘探开发工作。在大庆油田的

预探阶段，1960年元月，我根据由地质部物探大队完成的大庆长垣背斜带1比10万地震构造图，同时根据沉积相的研究，认为大庆长垣北部萨尔图、杏树岗、喇嘛甸诸构造面积大，近物源，储油层厚度可能增大，积极建议向大庆长垣北部展开勘探。经领导同意后，我和地质司调度处处长邓礼让一起到野外，测定了萨1井、杏1井和喇1井等3口预探井位。这3口井钻完后，测试获得日产原油100～200吨的高产，并研究证实萨尔图、杏树岗、喇嘛甸等3个构造的油水接触面均在海拔−1050米（井深1200米），含油面积连为一体，达920平方千米，证实了特大型的大庆油田。1960年9月，我在吉林长春市举行的地质部和石油工业部工作联席会议上，作了"大庆长垣石油地质特征"的工作报告，获得了两部领导和与会专家的高度评价。勘探实践证实松辽盆地下白垩统陆相沉积不仅可以形成石油，而且陆相的生储盖组合也可聚集形成特大型油田的石油地质新理论。1982年，国家科学技术委员会授予发现大庆油田的地球科学工作"国家自然科学奖一等奖"，我和地质部、石油工业部和中国科学院等单位23位同行专家分享了这份荣誉。1985年，"大庆油田高产稳产的注水开发技术"成果获得"国家科学技术进步奖特等奖"，我是主要完成者之一。

1964年3月，我在山东东营参加胜利油田勘探开发石油会战，担任胜利油田地质指挥所副指挥兼地层对比室主任。我和同事们根据微体古生物化石和测井曲线，确立地层对比标志，又根据岩心分析资料确定了济阳拗陷各井第三系的分层数据。同时，通过井与井的对比，标定了油田内复杂的正断裂系统。1964年底，探井坨9井和坨11井从渐新统沙二段地层内测试获千吨高产油流，发现了胜坨大油田。

1975年辽河石油勘探局在下辽河拗陷发现西斜坡大油田，从北边高升，经过杜家台、曙光、欢喜岭，一直到南边西八千，沙四段油层分布范围达数百平方千米。石油工业部派我去辽河油田曙光油田会战前线，与大庆油田参加会战的石油队伍一道，住在帐篷里，在曙光地区大约200平方千米范围内进行详探和开发。1983年至1985年，我又三次去河南中原油田参加科技攻关会战，采取了连片三维地震技术，搞准了文留构造带极为复杂的断裂系统，探明了黄河以北近500平方千米含油面积和储量。

这十多年内，我倾注了大量心血研究这个地质规律异常复杂的第三纪裂谷盆地，我的足迹遍历渤海湾盆地陆上和海上的主要油田。自1978年以来，我发表了多篇有关渤海湾盆地的地质论文：早期的一篇《渤海湾含油气盆地的地质和构造特征》发表在中国《石油学报》第一卷第一期，于1980年刊出；1985年6月，我随康世恩国务委员出访日本，在东京日本石油公团举办的石油地质研讨会上，我宣读了《渤海湾盆地复式油气聚集（区）带的开发前景》学术论文。渤海湾盆地处于华北政治经济中心地带，面积20万平方千米，2/3面积为陆地，1/3面积为海洋。若干大型隆起将其分割为六个大拗陷，即济阳、辽河、黄骅、冀中、临清和渤中，又被小凸起和断层分隔为 50 多个下第三系凹陷。每个具有生油条件的凹陷，都是一个油气富集区。这个盆地内数以百计的构造带，都被正断层切割为许多断块，形成了多种油气田模式，这些构造带分布在渤海湾盆地各箕状凹陷或地堑凹陷内的特定位置。这一新理论运用到渤海湾油区的勘探开发工作中去，获得了良好的钻探成功率和巨大的经济效益。"渤海湾盆地复式油气聚集（区）带的理论和实践——以济阳等拗陷复杂断块油田的勘探开发为例"成果于 1985 年获得"国家科学技术进步奖特等奖"，我是主要完成者之一。

自 1980 年对外开放，我也开始走出国门，先后赴英国、挪威、荷兰、美国、日本、印度、新加坡、马来西亚、法国、加拿大、西班牙和巴西等国参加学术会议 23 次，宣读论文 17 篇。1994 年 8 月，美国石油地质家协会（AAPG）授予我 1994 年石油地质学"杰出成就奖章"，1000 多位来自亚洲、欧洲、非洲、美洲、大洋洲的石油地球科学家参加这次在马来西亚吉隆坡市召开的 AAPG 国际会议的开幕颁奖仪式。颁奖词为"奖给李德生，为他在石油地质科学领域取得的杰出成就及他半个世纪来对中国石油勘探、开发和地质研究做出的贡献"，并同时授予我 AAPG 荣誉会员奖章。我认为这一奖励不仅是给我个人的，也是给中国石油地质界的。

勤奋

世界上有一些天才，但是我认为自己不是天才。我的工作态度和治学精神是勤奋。我要求自己随时处理好两个关系：一是实践与理论的关系，二是学习与创新的关系。我所遵循的原则是："理论来源于实践，理论又是为实践服务的"。

1978 年，石油工业部在北京重建石油勘探开发科学研究院，我被从任丘油田调回到该院任总地质师。我在这个科研单位工作的二十多年内，足迹遍布全国各个主要油气区，北到大庆、海拉尔，南到湛江、海南岛，西到喀什、乌鲁木齐，西南到昆明、拉萨，东至上海、台湾；参加了许多次现场考察和石油地质方面专题研讨会，完成了多项专题研究报告。我国油气勘探开发不断提出石油地质新问题，通过认识和解决这些问题，不断丰富了我国石油地质学理论。我在这方面的心得体会是：先要有深入的实践，掌握大量第一手资料，才能"去粗取精，去伪存真"，上升为符合规律的理论。先要努力学习前人的成果和经验，加以总结，上升和突破，才能有自己的创新。石油和天然气是一种化石燃料矿产，它是有机质在漫长的地质历史时期内堆积、埋藏、演化后形成的。石油和天然气都是流动的物质，现在我们所发现的油气田，并不一定就是这些矿床生成的原始层

位和位置。石油和天然气都深埋在地下，勘探工作所获得的各种地质和地球物理信息，都要通过石油地质学家的综合分析和推理研究来认识。所以，对石油地质学家来说，发现新油气田就是创新。

在数十年的科技工作中，我参与了以下七个方面的创新研究：

1. 陆相油气形成与聚集规律

我不是"陆相生油论"的倡导者，前辈学者如潘钟祥、黄汲清、孙健初和陈贲等做了许多开创性的研究工作。我在这一理论的发展过程中只是起到一些补充发展和承前启后的作用。1953 年，在《陕西延长油田上三叠统浅油层的储油和出油条件》一文中，我提出，陕北盆地是一个下降盆地，上三叠统延长组生物群有羊齿植物、新芦木、银杏、方鳞鱼及小软体动物等，其环境可以造成有机物的堆积和石油的生成。在 1960 年出版的《甘肃石油地质》一书中，我写道："酒泉盆地第三系油藏的生油岩系为下白垩系下新民堡统的灰黑色页岩湖相沉积，因其有丰富的腹足类、斧足类、介形类及鱼类等生物遗迹，厚度超过 1000 米。湖盆的中心在青西凹陷"。1960 年至 1963 年大庆石油会战期间，我们对下白垩统姚家组和青山口组地层在生产试验区内钻了多口全部取心井，在这两套地层黑灰色泥岩内取到了大量富含介形类化石（工人俗称"芝麻饼"）的岩心。有机地球化学分析得出生油指标很高，证实了松辽盆地下白垩统陆相生油的理论。大庆油田的发现和开发实践，证实了陆相油气可以聚集形成超级巨型油田。中国克拉通自晚二叠世海水退出中朝地台、中三叠世海水退出扬子地台以后，在中、新生代地质时期，湖相沉积广泛发育。因此，我国陆相沉积盆地具有规模大、时间长、类型多、沉积厚和有机质丰富的特点。这一理论的验证是对过去以海相生油为主的世界石油地质学的补充和创新。

2. 中国含油气盆地的构造类型

我对这一学科有兴趣，得益于许多前辈学者的指导，如李四光、黄汲清、陈国达、张文佑和朱夏等教授。对外开放后，也与一些外国学者，如 Klemme 和 Bally（美）等教授进行过广泛交流。1959 年 4 月，我在石油科学研究院曾从事过一项研究任务，编制"1∶300 万中国沉积盆地分布及地质背景图及说明书"。该项成果在当年 11 月石油工业部第三届科研会上宣读。我研究了中国西北、华北、东北、东南、西南等地区大小共 219 个沉积盆地，奠定了我研究中国含油气盆地构造学的基础。1981 年，我在中国石油学会第二次年会（长沙）上宣读了《中国含油气盆地的构造类型》一文，将中国含油气盆地划分为东部拉张型盆地、西部挤压型盆地和中部过渡型盆地三大类，被刊登在 1982 年《石油学报》第三卷第三期。含油气盆地构造研究是盆地评价、盆地模拟和盆地油气资源潜力分析的基础。

3. 陆相湖盆储层特征

1945年玉门老君庙油田在开发过程中，只粗浅地将上第三系中新统储油层划分为K、L、M三套油层组。开发方案和调整方案都按这三套油层组设计。

1960年在大庆油田生产试验区的开发工作中，我们开展了下白垩统储油层的详细对比研究工作。我当时担任会战地质指挥所副指挥兼地层对比大队长，我和我的同事吴崇筠、杨通佑、裘怿楠等根据沉积的旋回性和夹层分布，把萨尔图油层和葡萄花油层划分为五个油层组：萨一组油层差；萨二组油层好；萨三组油层中等；葡一组油层连通性好，厚度大；葡二组油层岩性变化大。又把五个油层组进一步细分为14个砂层组和45个单油层。其中，萨1组5个单油层，萨2组16个单油层，萨3组7个单油层，葡1组7个单油层，葡2组10个单油层。每口探井或评价井钻完后，立即进行地层对比和定量解释。油层对比获得的成果，首先绘成1：200的油区对比剖面图，确定射孔和开采层位。此外，还绘制了生产试验区45个单油层的分层平面图、夹层等厚图和物性变化图等，认识了各油层、各油砂体在平面上的岩性和物性分布规律。在垂向上的连通性和叠加状况，成为制定油田开发方案的重要地质依据资料，超过了当时国外同类型大油田（如美国东得克萨斯油田和苏联罗马什金油田）的油层对比研究水平，储层特征研究推动了沉积相的研究。1984年，我在 *AAPG Bulletin* 第68卷第8期发表的《中国大陆架含油气盆地地质发展史》一文中将沉积相和沉积模式分为断陷型、拗陷型、开阔海型等三种沉积类型，分别论述其相特征和模式。

4. 复式油气聚集（区）带的成油规律

我从1964年在山东东营参加胜利油田会战，到1985年在东京向日本石油界和科技界作"渤海湾盆地复式油气聚集（区）带的开发前景"报告，历时20年，对渤海湾盆地的油气聚集和分布规律不断进行研究，并深化认识。渤海湾盆地是中国东部拉张型第三纪裂谷盆地之一，是一个极为复杂的断块型大油田，其丰富的油气资源都聚集在比较复杂的圈闭之中，勘探难度较大。我国石油地质和地球物理专家经过多年的探索、研究和实践，在20世纪70年代初正式提出渤海湾盆地油气藏分布"源控论"的理论。每个下第三系生油凹陷都是一个独立的油气聚集区，胜利油田地质工作者进一步提出"油气田环绕生油凹陷呈多环式展布"的模式，将源岩、储集岩、圈闭、运移、聚集和时间等匹配关系联系起来。1985年在辽河油田举行的东部地区勘探工作会议上，我作了一个报告，进一步发展了同一油源区内由不同储油层系和不同圈闭类型形成叠合连片的复式油气聚集（区）带的成油理论；建立起一个在箕状凹陷或地堑凹陷油源区内有特定位置的中央背斜型、低潜山型、高凸起型、同生断层型、滚动背斜型、斜坡型和凹槽内砂体型7种

复式油气聚集（区）带。由于勘探工作大力发展三维数字地震勘探技术，以搞清复杂的断层系统和寻找高产富集油气断块，并灵活运用滚动勘探开发的做法，推动了济阳、辽河、黄骅、冀中、中原、冀东和渤海海域各油区的勘探进程，使渤海湾盆地建成我国又一个重要的石油产区，并造就了一大批能攻坚啃硬，善于做地震二维、三维解释，巧于布井，实施滚动勘探开发的石油地球科学工作者。

5. 古潜山油气藏

1975 年 7 月，在华北平原冀中拗陷发现任丘高产大油田，当时我从大港油田调到任丘油田工作了 3 年。这是一个古潜山油田，储层为中元古界雾迷山组硅质白云岩，油藏高度达 870 米，不整合面之上被 2600 ～ 3000 米厚新生界地层覆盖，油水界面在 −3500 米，具有统一的压力系统。油田西侧为正断层，落差达 1600 米，被分支断层切割成 4 个断块山。地层向东北倾斜，倾角约 10 度至 20 度。这个油田具有高产的特点，每口探井完钻经过酸化后，初期单井日产油量在 1000 吨至 3000 吨之间。这一重要发现，震动了国内的石油界和科技界。为了研究其成藏条件，我们首先到燕山蓟县和太行山易县等地，详细观察和丈量雾迷山组硅质白云岩的构造、岩性和多组的裂缝系统，随后制定了"稀井高产、底部注水"的开发方案。只用了一年半时间，就将任丘油田建成年产油量 1000 万吨以上的高产油田。由于在元古界储集层内产出的原油内含有第三纪的孢子花粉化石，所以地球科学工作者认为任丘油藏具有"新生古储"的成油史，即下第三系生油岩的油通过油源断层和不整合面储聚到雾迷山组白云岩内。针对这种拉张型盆地内新的油气圈闭类型，我在 1985 年写了一篇论文《倾斜断块 - 潜山油气藏——拉张型断陷盆地内新的油气圈闭类型》，发表在《石油与天然气地质》第 6 卷第 4 期，并于 1986 年 2 月在新加坡举行的"第六届东南亚海洋会议"上用英文宣读，引起与会勘探家的极大兴趣。

6. 海相古生界储层研究

1965 年至 1967 年，我在四川参加四川盆地开气找油会战，担任会战总部总地质师兼地质指挥所指挥。四川盆地主要含气层为震旦系、石炭系、二叠系和三叠系等海相碳酸盐岩，包括各层累计厚度 1900 米的碳酸盐岩和 1000 米的页岩。生油岩长期深埋，成熟度很高。储集层物性差，基质孔隙度平均仅 1.86%，渗透率小于 3 毫达西。许多高产气井是靠碳酸盐岩裂缝系统和溶洞产气。为了弄清储层特征和高产规律，我于 1965 年组织了几个研究队：①开展重庆中梁山煤矿二叠系坑道 118.5 米洞壁观察，对茅口灰岩观察井测绘裂缝 3.6338 万条，溶洞 1.4542 万个。最大的横裂缝宽达 1.02 米，最大的洞（一号溶洞）连通空隙体积达 1.26 万立方米。从 1960 年 9 月到 1965 年 7 月，该溶洞已累计采出天然气 1232 万立方米。②开展成昆铁路乐山范店乡震旦系隧道 104 米洞壁观察，共测绘溶洞 3 万多个，裂缝 1230 条，最大的溶洞直径 0.6 米，最小的如针孔状。③开展自流井气田三叠系嘉三组气藏缝洞分布规律的研究，共调查 64 口气井的钻井资料，在雷口坡统钻遇裂缝次数为 30 井次，嘉五组 68 井次，嘉四组为 86 井次，嘉三组为 215 井次。每一层都有裂缝分布，但裂缝发育程度是不一样的。在钻井过程中，钻遇大缝大洞，经常有钻具放空和泥浆漏失现象，完井后都是高产气井。我们还在野外露头上人工采集了 3 套储层各约 1 立方米大小的岩石标本，运回威远地质指挥所实验室，准备建立碳酸盐岩储层定量地质模型和钻孔后进行压裂酸化模拟试验。1967 年，科研队伍离散，这项研究工作被迫中断。

7. 低—特低渗透储层的勘探开发

我在 20 世纪 50 年代参加过鄂尔多斯盆地的石油地质普查和陕北地区的石油地质详查，后来担任延长油矿主任地质师。那段工作中，探索上三叠统延长组特低渗透性储层油田地质规律和钻采工艺技术的实践，是对我人生观和科技生涯的一次严格锻炼。在延长油矿极端困难的交通和物资供应条件下，我们住的是黄土窑洞，办公室是几间平房，外出地质调查骑毛驴。面对特低渗透储集层的复杂地质条件，测量了数百个地质点的储层露头剖面；观察了上千米延长组砂岩的岩心、岩屑和分析、测试数据；摸索出一套因地制宜、适应特低渗透浅油藏勘探开发的工艺技术。1907 年至 1952 年采用顿钻钻井，裸眼完井，提捞采油，每年只能钻几口油井，钻井井深平均 150 米，年采油量 1000 吨以下，只能保持很低的生产水平。1953 年至 1970 年，采用爆炸油层增产，加深新层接替，每年能钻几十口油井，平均井深 300 米。旺油井安装抽油机，低产井提捞采油，年产油量逐步达到 1 万吨以上。1971 年以后，延长油矿配备了压裂车，开始实施油层水力压裂增产措施，采用旋转钻井、套管固井、射孔完成、加砂压裂等措施。2000 年，延长油矿 8 个采油厂年产油量达到 100 万吨以上。2004 年 8 月，我应邀去延安参加由中国石油学会举办的"延长油矿特低渗透油田百年发展座谈会"，听了工作报告，还去七里村油矿、青化砭油矿、川口采油厂和永坪炼油厂参观考察。老矿换新貌，黄土塬上丛式采油井组，发展了定向斜井钻井技术、数字测井技术，并在有条件的油田开展了注水试验。油矿建设和地方经济正在发生深刻的变化：2005 年陕西延长石油（集团）公司共生产原油 838 万吨，加上中石油长庆油田公司年采油 940 万吨，鄂尔多斯盆地—特低渗透油层的产油量达到 1778 万吨，历年累计产油量已达 1.22 亿吨。我写了一篇论文《重新认识鄂尔多斯盆地油气地质学》，刊登在《石油勘探与开发》第 31 卷第 6 期（2004 年 12 月）。

寄语

　　新中国成立后，由于坚决贯彻自力更生、艰苦奋斗的精神，我国石油工业由小到大，由依赖洋油过日子，逐步建设成为一个石油生产大国。石油科研队伍重视实践、刻苦钻研，在陆相生油理论、复式油气聚集（区）带成藏规律、低—特低渗透储层勘探开发、古潜山油气藏发现、煤成烃研究与实践、海相古生界油气勘探突破等方面取得了举世瞩目的自主创新成果。

　　当前，我国石油工业已步入了一个"开源节流"的发展新时期。我们要加大本国陆地和海洋油气勘探开发的力度，通过精细勘探，在陆相老油区内再造青春；在海相新层系、新领域、新圈闭类型中取得重大发现；加速浅海区、滩海区、海洋大陆架和深海区油气资源的勘探开发。与此同时，积极稳步开展海外油气资源勘探开发；依靠科技进步逐步开发国内非常规油气资源，并着手开展对清洁能源和可再生能源的研发工作。

　　（原文刊载于中国科学院院士工作局编的《科学的道路》，地学部，李德生，1102—1109页，2005年，上海教育出版社。）

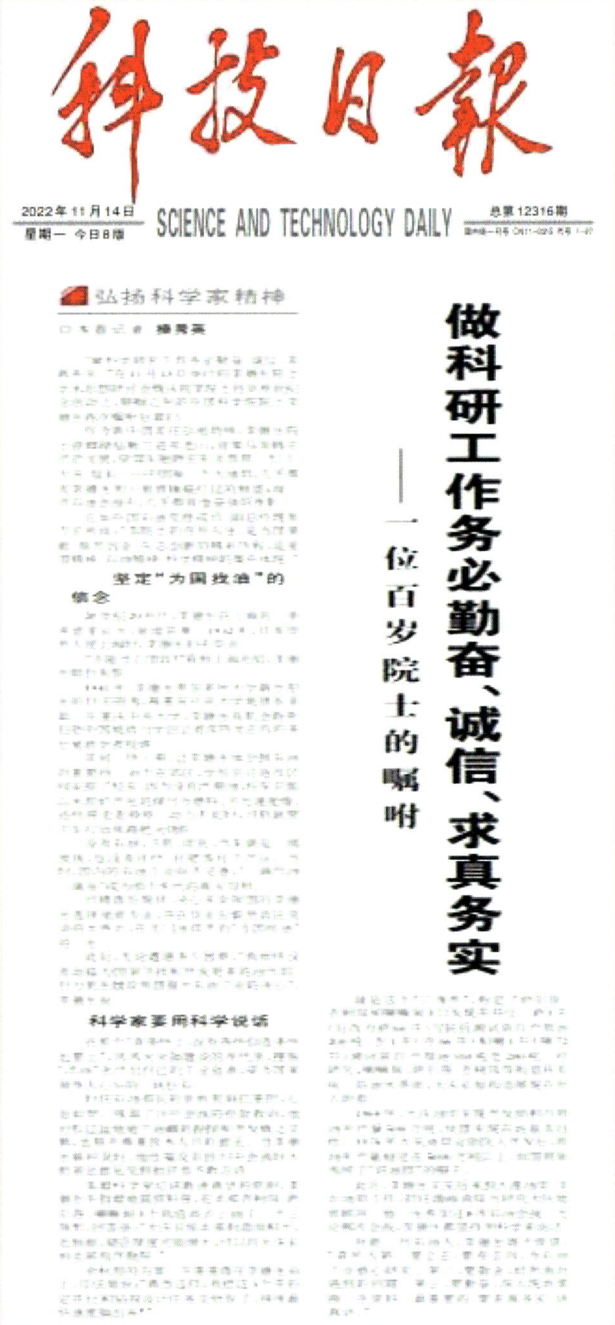

做科研工作务必勤奋、诚信、求真务实

——一位百岁院士的嘱咐

"做科学研究工作务必勤奋、诚信、求真务实。"在 11 月 13 日举行的李德生院士学术思想研讨会暨庆祝李院士百岁寿辰纪念活动上，期颐之年的中国科学院院士李德生再次嘱咐后辈们。

作为新中国首任总地质师，李德生院士曾脚蹬毡靴三进祁连山，曾策马奔腾在茫茫戈壁，曾驾车驰骋在东北雪原。玉门、大庆、延长……中国每一个大油田，几乎都有李德生用小地质锤敲打过的痕迹；每一次石油会战中，几乎都有他奋战的身影。

正如中国石油党组成员、副总经理焦方正所说："李院士的百年人生，是为国奉献、艰苦创业、矢志创新的精彩历程，是爱国精神、石油精神、科学精神的集中体现。"

坚定"为国找油"的信念

20 世纪 20 年代，李德生在上海的一条弄堂里长大，家境贫寒。1932 年，日军悍然入侵上海时，李德生初中毕业。

"不能当亡国奴！"看到上海沦陷，李德生暗自发誓。

1941 年，李德生参加多所大学联合招生的自主招考，被重庆中央大学地质系录取。在重庆中央大学，李德生有机会聆听包括中国地质力学创立者李四光在内的多位地质学者授课。

其间一件小事，让李德生体会到石油的重要性。由于在郊区，学校在往返市区间安排了校车，因为没有汽柴油，校车只能以木炭炉产生的煤气为燃料，不光速度慢，还经常走走停停。动力不足时，司机就要下车拉动风箱把火烧旺。

没有石油，飞机、坦克、汽车就是一堆废铁，也没有化纤、化肥等化工产品。当时，国内的石油工业尚不完善，"一滴汽油一滴血"成为那个年代的真实写照。

目睹落后现状，决心实业报国的李德生选择地质专业，并在毕业后毅然前往荒凉的大西北，在玉门油田开启"为国找油"的一生。

此后，无论遭遇多少困难，"我始终没有动摇为国家寻找和开发更多的油气田、自力更生建设我国强大石油工业的决心"，李德生说。

科学家要用科学说话

在那个"有条件上，没有条件创造条件也要上"，风风火火搞建设的年代里，摆脱"洋油"，生产出自己的工业血液，成为国家领导人心头的一块巨石。

时任石油部长的余秋里肩扛重担，心急如焚。吸取了川中会战的经验教训，他对松辽盆地地下油藏的勘探和开发慎之又慎，也格外尊重技术人员的意见。当李德生被问及时，他丝毫没有因川中会战时大胆表达意见受到批评而不敢言语。

本着科学家应该敢讲真话的原则，李德生手指着地震资料图，建议在北部杏树岗、萨尔图、喇嘛甸3个构造高点上各定1口预探井，回答说："大庆长垣北部构造面积大，近物源，储层厚度可能增大，可以向大庆长垣北部甩开勘探。"

余秋里的右掌一下重重落在李德生肩上，信任地说："既然这样，我把这3个井的定井位和钻探设计任务交给你了，得用最快速度搞出来！"

余部长就命令他带着测量队，前往距大同镇60—70公里以北，标定了萨尔图、杏树岗和喇嘛甸3口预探井井位。萨1井（后改为萨66井）完钻后测试获日产原油200吨，杏1井（杏66井）和喇1井（喇72井）测试获日产原油100吨至200吨。经研究，喇嘛甸、萨尔图、杏树岗等构造具有统一的油水界面，大庆长垣构造展现在世人面前。

1964年，大庆油田实现开发面积内原油年产量500万吨，我国实现石油基本自给。1976年大庆油田全面投入开发后，原油年产量稳定在5000万吨以上，我国彻底甩掉了"贫油国"的帽子。

此后，李德生又先后来到大港油田、华北油田工作，担任渤海湾综合研究大队地质顾问。他一生参加过8次石油会战。无论哪次会战，李德生都坚持用科学来说话。

对新一代石油人，李德生寄予厚望："青年人第一要立志，要有志向，为石油工业潜心研究。第二，要敬业，坦然面对遇到的问题。第三，要勤奋，深入现场掌握一手资料。最重要的，要求真务实，讲真话。"

/ 3.《中国石油报》2022 年 10 月 18 日　第 3 版： 百岁华诞扬风骨　一片丹心向石油 /

百岁华诞扬风骨　一片丹心向石油
——记我国石油工业奠基者之一李德生院士

特约记者　王建强　穆歌　本报记者　余果林

来源：中国石油报　发表日期：2022 年 10 月 18 日　第 3 版

李德生院士通过报纸了解党的二十大相关信息

喜迎盛会，中国共产党已经成功实现全面建成小康社会的第一个百年奋斗目标，向着第二个百年奋斗目标前进。

百年期颐，在中国石油工业的发展史上，有这么一位老人，笃志不倦，为国找油、为党育人，在石油地质领域鞠躬尽瘁，传薪继火。

李德生院士简介

石油地质学家，中国共产党党员，我国石油地质奠基者之一。1922 年 10 月 17 日出生于上海，原籍江苏苏州。1945 年，毕业于重庆中央大学地质系。1991 年当选为中国科学院院士（学部委员），2001 年当选为第三世界科学院院士。第六届全国政协委员。

新中国成立前，参加国内唯一的重磁力勘探队。

新中国成立后，先后担任西北石油管理局陕北石油勘探大队地质师、延长油矿主任地质师、玉门矿务局总地质师。

1958 年至 1978 年，参加川中石油会战、大庆石油会战、胜利油田会战等重大油气发现工作。

1978 年以来，任中国石油勘探开发研究院总地质师、教授级高级工程师、博士生导师。先后获得国家自然科学奖一等奖、国家科技进步奖特等奖两项、美国石油地质家协会（AAPG）石油地质学杰出成就奖章和荣誉会员奖章、何梁何利基金科学与技术进步奖、陈嘉庚地球科学奖等。在国内外学术刊物上发表论文 140 余篇，出版中文专著 7 部、英文专著 2 部，培养了 25 名硕士、博士和博士后。代表作有《石油勘探地质学》《中国含油气盆地构造学》《李德生文集》等。

脚踏毡靴三进祁连山，穿越台湾西部平原，策马奔腾茫茫戈壁，驾车驰骋东北雪原；玉门、延长、大庆、胜利、大港、华北、辽河、中原、新疆、柴达木、海洋……几乎在中国每一个大油田，都有李德生奔走的脚印；几乎在每一次石油会战中，都有李德生奋战的身影。

一个信念根植于李德生院士心中：石油报国！

漫漫求学路，悠悠赤子情

20 世纪 20 年代，李德生在上海的一条弄堂里长大，和大部分劳苦人民一样，家境并不富裕。1932 年，日军悍然入侵上海，当时李德生初中毕业。

"不能当亡国奴！"看到上海沦陷，李德生暗自发誓。

年仅 16 岁的他告别亲人，辗转浙江丽水，以沦陷区学生的身份入读浙江丽水县碧湖

镇浙江省立临时联合高中读理科，一门心思想要"实业救国"。

1941年，李德生高中毕业赶赴湖南衡阳，参加四所大学联合招生的考试，被重庆中央大学地质系录取，这也是他的第一志愿。

在重庆中央大学，李德生有机会聆听俞建章、李学清、张更教授和中国地质力学创立者李四光在内的多位地质学者授课。其间一件小事，让他体会到石油的重要性。由于在郊区，学校在往返市区间安排了校车，因为没有汽柴油，校车只能以木炭炉产生的煤气为燃料，一方面速度慢，还经常走走停停，动力不足时，司机就要下车拉动风箱把火烧旺。

这件事对李德生触动很大。没有石油，飞机、坦克、汽车就是一堆废铁，就没有化纤、化肥等化工产品。当时，国内的石油工业尚不完善，"一滴汽油一滴血"成为当时的真实写照。

李德生将经济地质学作为自己的专业方向，誓要为祖国找油！

石油人生，缘起玉门

1945年，李德生毕业前夕，玉门油矿矿长严爽亲自到重庆中央大学"招兵买马"，表示"只要是中央大学的毕业生，来者不拒"。在地质系的十几名毕业生中，包括李德生在内的3个人递上了报名表。

作为当时中国为数极少的地质系毕业生之一，23岁的李德生爬上了一辆装满物资的卡车，一路前往玉门油矿，从此开启了他一辈子为国找油寻气的人生篇章。

在玉门，李德生来到著名地球物理学家翁文波博士麾下，成为中国第一支重磁力勘探队队员。他们走遍河西走廊，三次穿越祁连山脉，开展重磁力勘探。后来，他又参加著名石油地质学家孙健初领导的地质详查队，探寻地面构造带的踪迹。

恶劣条件下，书生们也学会了骑马、骑驴，甚至骑骆驼。每次一进山就是一个多月，除了常规的测量仪器、帐篷和炊具，还要带着武器。一次勘探路上，他们一行遭遇12匹恶狼拦路，翁文波、李德生即刻举枪射击，将两匹狼立毙枪下，剩余群狼才四散逃窜。

1946年，李德生转赴上海，在中国石油公司勘探室翁文波主任领导下，先后前往台湾、江苏等地进行重磁力勘探详查；1950年调任陕北石油勘探大队第二地质队队长，三年后调任延长油矿主任地质师。丰富的实践经历和多个岗位的锻炼使李德生在技能上成长迅速，逐渐成为石油地质领域的行家里手。

1954 年，32 岁的李德生重回玉门，任玉门矿务局总地质师。在他的带领下，玉门油田 L、M、K 油层相继进行注水开发，发现了石油沟、白杨河、鸭儿峡等 3 个新油田，并在 1958 年原油产量成功突破 100 万吨，建成新中国第一个天然石油基地。

半个世纪后，玉门油田举行开发 70 周年庆祝大会，李德生被授予 70 年来唯一的"玉门油田开发建设功勋地质师"荣誉证书，以表彰他在玉门油田开发建设中的卓越贡献。

漫漫征途，走南闯北谱华章；
哪里有石油，哪里就是石油人的家。

李德生经常用木板钉几个箱子当行李，就可以出发了。他陆续辗转甘肃、上海、台湾、陕北、四川、黑龙江、山东、天津、河北、辽宁、河南，其间 3 个儿女都出生在油田，李德生便以地名为他们取名。

大庆石油会战前夕，摆脱"洋油"，生产出自己的工业血液，成为压在国家领导人心头的一块巨石。时任石油工业部部长的余秋里肩扛重任，心急如焚。川中石油会战的经验教训，让他对松辽盆地地下油藏的勘探开发慎之又慎。当问及李德生时，他本着科学家应该敢讲真话的原则，建议在萨尔图、杏树岗、喇嘛甸 3 个构造高点上各定 1 口预探井，他回答说："大庆长垣北部构造面积大，近物源，储层厚度可能增大，可以向大庆长垣北部展开勘探"。

余部长就命令他带着测量队，前往距大同镇 60 ～ 70 公里以北，标定了萨尔图、杏树岗和喇嘛甸 3 口预探井井位。萨 1 井（后改为萨 66 井）完钻后测试获日产原油 200 吨，杏 1 井（杏 66 井）和喇 1 井（喇 72 井）测试获日产原油 100 吨至 200 吨。经研究，喇嘛甸、萨尔图、杏树岗等构造具有统一的油水界面，大庆长垣构造带整体含油展现在世人面前。

1964 年，大庆油田实现开发面积内原油年产量 500 万吨，我国实现石油基本自给。1976 年大庆油田全面投入开发后，原油年产量稳定在 5000 万吨以上，我国彻底甩掉了"贫油国"的帽子。1982 年，"大庆油田发现过程中的地球科学工作"项目获得国家自然科学一等奖，李德生等 23 位地球科学工作者分享了这一荣誉。1985 年，李德生作为主要完成者之一的"大庆油田高产稳产的注水开发技术"荣获国家科学技术进步奖特等奖。

1964 年，胜利石油会战打响。时任胜利油田地质指挥所副指挥兼地层对比室主任的李德生，和同事们日夜攻坚，在短时间内确定了地下复杂的断层系统，为会战胜利打下

坚实基础。同年年底，随着探井坨 9 井和坨 11 井测试获高产油流，胜坨油田横空出世，成为胜利油田第一个主力油田。

此后，李德生又先后来到大港油田、华北油田工作，担任渤海湾综合研究大队地质顾问。1976 年辽河发现西斜坡大油田，李德生被石油部派往辽河曙光油田会战前线，后又前往中原油田，参加科技攻关会战，李德生参与总结出渤海湾盆地主要复式油气藏模式及滚动勘探开发的方案，推动渤海湾盆地原油年产量达到 5000 万吨至 6000 万吨，建成我国东部第二个重要的石油产区。1985 年，该项目获得国家科学技术进步奖特等奖，李德生是主要完成者之一。

凡是与李德生共事过的人，都对他的认真严谨印象深刻。他从不信口开河，任何场合，只要不发言，就一定在认真做记录。他一直坚信，尊重科学、敢讲真话是科学家应有的品格。

学贵有恒，梅花香自苦寒来

1978 年 8 月起，李德生担任中国石油勘探开发研究院总地质师。凭借丰富的现场经验和大量的一手数据，他十分重视对含油气盆地构造学的研究。

1982 年，他提出我国含油气盆地 3 种基本类型的分类方案；在渤海湾盆地研究中，又提出了"渤海地幔柱"的概念。2010 年，李德生主持的"中国含油气盆地构造学"项目获得陈嘉庚地球科学奖。此外，李德生还提出了中国陆相石油地质理论、中国含油气盆地的构造类型、渤海湾油区石油地质特征与油气田分布规律……这些理论有效指导了中国油气田进一步的勘探和开发。

1986 年，李德生成为博士生导师，1991 年当选中国科学院学部委员（院士）、地学部常委。1996 年当选中国科学院学部主席团成员，他先后受邀赴 10 多个国家和地区参加国际学术会议，做学术报告。1994 年 8 月，美国石油地质家协会（AAPG）授予李德生石油地质学杰出成就奖章及荣誉会员奖章，是亚洲迄今唯一获此殊荣的石油地质学家。

70 多年来，李德生的工作记录本累计有数百本之多，大量的资料数据成为他不断创新技术、攻克难题的关键支撑。他不止一次向身边人说："博闻强记，才能推陈出新"。

日月经天，石油精神薪火传

李德生坚持在石油地质领域耕耘不辍，体现了石油科学家问鼎地宫的石油抱负、上下求索的石油精神，更彰显了"入心、入脑、入行"的石油科学家品格。

石油报国，矢志不渝，李德生无愧其一。新中国成立前，他目睹了"中国贫油论"甚嚣尘上；新中国成立之初，国内百废待兴，他为石油工业奔走天南地北，投身川中石油会战、大庆石油会战……他一生都在为国找油。2021年，李德生在"石油科学家精神及科技创新"院士专家座谈会上讲道："作为一个曾在旧社会生活工作过的知识分子，我遇到过种种困难，也被迫中断过自己的研究工作，但始终没有动摇为国家寻找和开发更多的油气田、自力更生建设我国强大石油工业的决心"。

严谨务实，勇于创新。他数十年如一日奋战在科技攻关的第一线，把严谨务实的科学态度作为一种精神追求、一种岗位责任来对待。他始终站立在世界石油地质研究的潮头，在耄耋之年也毫不松懈，以时不我待的紧迫感，成功突破多项关键技术。

对新一代石油人，李德生寄予厚望："青年人第一要立志，要有志向，为石油工业潜心地研究。第二，要敬业，坦然面对遇到的问题。第三，要勤奋，深入现场掌握一手资料。最重要的，要求真务实，讲真话。"

一百年栉风沐雨，在石油地质科学领域的高峰，在石油精神薪火相传的长河，李德生皆堪称楷模。愿老先生椿龄无尽，江山不老！

/ 4.《中国石油企业》杂志 2022 年 7 月 4 日唐大麟访谈录 /

一个世纪的坚守与回望
——访中国科学院院士、石油地质学家李德生　作者唐大麟

（访谈日期：2022 年 7 月 4 日　访谈地点：中国石油勘探开发研究院 330 办公室，李玉参加）

记者：李院士，您好！非常高兴看到您身体如此健康，首先恭祝您即将迎来期颐寿辰！能否为我们回顾一下您是如何走上石油地质这条道路的？

李德生：我从中央大学（现南京大学）毕业的时候，抗日战争还没有结束，那时学校还在四川的重庆。当时玉门油矿矿长叫严爽，国共两党合作期间，玉门发现了油田。听说是周总理当时把严爽从陕北调到了玉门，所以他也是玉门油矿的三个元老之一，另外两个是孙健初和靳锡庚。严爽当时从延长油矿带了两台钻机、80 个工人，以及自己的家眷去玉门打出了第一口油井。1945 年，严爽到重庆中央大学来找我们地质系的主任张更，说玉门油矿急需地质及其他工程技术人才，地质系有多少学生他就要多少，并和我们一个个面试谈话。但大部分同学还是愿意留在重庆的地质单位，当时地质研究所、矿产查勘处在重庆，所以谈的结果是：除我以外还有两个同班同学愿意去玉门工作，一个是田在艺，一个是张传淦。后来，我们就去玉门油矿在重庆的办事处报到，领了路费和一个月工资后，就出发去玉门。那时候玉门油矿有自己的卡车往返重庆和玉门之间，把汽油、柴油等油料从玉门拉到重庆，又把矿场所需要的钻井器材、炼油器材等装备从重庆拉回玉门。当时办事处答应在卡车驾驶室里安排一个座位给我们新招的学生搭车去玉门。

我是 1945 年 7 月 7 日从重庆歌乐山出发的。当时车况不好，一天只能走三四十千米，有时候抛锚了还要检修，所以从重庆到玉门 2500 千米路程，我们总共走了两个月。离开四川以后，我们走了差不多一个月才到兰州。当时玉门油矿运输处在兰州郊外黄河拐弯的一片小平原上，也就是现在兰州石化所在地。从四川出发时我们都是夏装，听说玉门很冷，所以到了兰州我们就换上老羊皮大衣、皮袄、棉鞋等冬装。在兰州休整一个星期后，我们继续西行，经过河西走廊前往玉门。9 月 3 日，我们的车子到达武威，这时听说日本签投降书了。武威全城老百姓都出来庆祝抗战胜利，我们也跟着欢庆了一夜，第二天继续上路，并于9月9日抵达玉门。到油矿报到以后，我们3个人都被分配到了孙健初先生任主任的地质室。因为当时孙主任在野外进行地质调查，所以由副主任翁文波和美籍华人地质师卞美年接待我们。河西走廊没有地质露头，到处都是戈壁滩或者绿洲，我被分配到重磁力勘探队，开展河西走廊从高台到敦煌的重磁力勘探，我的石油探勘生涯也由此开启。为了取得地壳的均衡参数，我们三次进入祁连山测量并考察山间第四纪冰川地貌。

记者：您工作过许多地方，对哪段经历印象深刻？

李德生：我这一生参加过八次石油会战，在许多地方工作过。到玉门油矿后，1946年5月，当时中国石油工业最大、也是唯一的国有公司"资源委员会中国石油有限公司"在上海成立，这个公司除了拥有玉门油矿和新疆独山子油矿外，还拥有抗战胜利后从日本人手里接收的台湾、大连、锦西等地的石油矿厂产业。那时中油公司勘探室主任是翁文波，他接到去台湾进行石油勘探的命令后，就把我们在河西走廊的重磁力勘探队调到上海。于是，1946年我又到了上海，在中油公司勘探室工作，之后前往台湾进行重磁力勘探工作两年，完成整个勘探工作之后，1948年又回到了上海。那时淮海战役已经开始了，公司里有几个地下党员，他们组织了护矿活动等待解放。我们就把地震仪、重磁力仪等重要设备，都放到中央信托保险科封锁起来。

李德生院士在写作（摄影：商晨）

新中国成立后，我被派到陕北，担任西北石油管理局陕北石油勘探大队第二地质队队长。我在陕北工作四年，其中三年在野外，一年在延长油矿地质室。之后，因玉门油矿要进行注水开发，我又被调回玉门工作了四年，随后又奉调去四川参加川中会战一年，大庆石油会战开始，我又到了大庆。在大庆四年，也是我印象比较深刻的一段经历，我可以具体讲讲。

1959 年 9 月 26 日，松基 3 井出油后，为了对松辽油田进行综合评价，石油科学研究院院长张俊带领一个工作组来到黑龙江省肇州县大同镇，当时松辽石油勘探局已从长春市迁到大同镇，石油部工作组成员有我和翁文波、王刚道、童宪章、姜辅志、邓礼让、余家国、董恩环等。同年 12 月 26 日，余秋里部长到达大同镇，听取松辽局和工作组专家汇报，研究下步工作规划。1960 年 1 月 1 日，地质部物探大队派人到大同镇送交一张比例尺为十万分之一的大庆长垣北部地震构造图，显示出北部萨尔图、喇嘛甸和杏树岗等 3 个面积分别为 300 平方千米、80 平方千米、230 平方千米背斜构造面貌。松辽局和石油部工作组都认为，向北甩开钻探这 3 个构造具有良好的地质远景。余部长也甚为关注，认为满洲里至哈尔滨铁路横贯萨尔图构造的中部，如果蕴藏一个油田，将对石油工程建设和原油外运等创造非常有利的条件。他立即决定，让我和邓礼让第二天带领一个测量小组前往测定 3 个构造顶部的预探井位。我根据地震构造图和地形图将预探井萨 1 井定在萨尔图镇以南、大架子屯以北 1 千米左右的草原上。井位确定后，邓礼让随即回大同镇调度 32149 钻井队向萨 1 井搬迁。我则带领测量队，到杏树岗构造高点，在安达县义和乡大同屯南 1.5 千米处拟定了杏 1 井井位。又到喇嘛甸构造高点，在喇嘛甸镇红五星猪场北 1.5 千米拟定喇 1 井井位。1960 年 3 月 11 日，萨 1 井钻达井深 1089.4 米完钻，试油获得高产油流，用 7 毫米油嘴控制，自喷日产油 76 吨，原始地层压力 101.4 大气压，压力系数 1.07，油气比 42 立方米 / 吨；4 月 8 日杏 1 井钻达井深 1150.6 米完钻试油，7 毫米油嘴自喷日产油 53 吨，油气比 46 立方米 / 吨，原始地层压力 111.3 大气压，压力系数 1.06；4 月 16 日喇 1 井钻达井深 1225 米完钻试油，用 9 毫米油嘴控制，自喷日产油 150 吨，原始地层压力 109.2 大气压，压力系数 1.07。预测萨尔图 - 喇嘛甸 - 杏树岗 3 个构造具有较大的含油面积和储量，并具有自喷高产优势。

1960 年 4 月 2 日，余秋里部长、康世恩副部长到达安达县，成立了松辽石油会战指挥部。4 月 9 日，在安达铁路俱乐部召开了指挥部第一次"五级三结合技术座谈会"。经过 3 天讨论后，由我和童宪章草拟了"大庆长垣钻探和开发过程中取全取准 20 项资料和 72 种数据的技术规程"和"四全四准的资料要求"，为大油田勘探和开发打下坚实的科学基础。5 月 2 日，余部长和康副部长又召开油田开发技术座谈会，引导大家认真学习《实践论》和《矛盾论》。会议决定在集中优势兵力勘探萨尔图、喇嘛甸、杏树岗大油田的同时，在萨尔图油田中段、滨洲铁路线两侧开辟一块面积30平方千米的生产试验区，以取得全面开发大油田的经验。7月1日，会战指挥部决定将安达3号院的地质与开发技术干部全部迁到萨尔图，成立地质指挥所，由焦力人副指挥兼任地质指挥所指挥，我和范元绥、童宪章为副指挥，我同时兼任地层对比大队长，开展生产试验区萨葡两套油层5个油层组，14个砂岩组和45个小层的油层对比工作。根据会战总指挥康世恩副部长提出"大游地宫"的号召，在地层对比大队里设立了地宫队，由陈世泰工程师和马力地质师负责，在一栋新盖的干打垒房屋内，建立起长2米、宽1.8米的生产试验区立体模型，可以清楚地看到地面注水井排和生产井排、地下45个油层在立体模型内的分布情况。8月2日，地宫正式完成开放，每天安排上百名石油职工前来参观自己的劳动成果，各级领导也对地宫布置给予了很高的评价。

1960年10月，苏联撤回在华工作的全部专家，并中止向中国供应原油。余秋里考虑如何加快松辽油田的开发，以弥补从满洲里进口苏联原油的缺口。他问我可否开发整个萨尔图油田，我计算了一下，只需要动用生产试验区加北一区和南一区共146平方千米面积的探明储量，就可以把年产油量提到500万吨。1961年5月，松辽会战指挥部决定由我和秦同洛、童宪章、谭文彬等4人负责编制"萨尔图油田146平方千米面积的开发方案"。我们聘请了有关单位85位专家，完成了14个专题研究报告，利用中国科学院电子计算机计算了北一区、南一区2485个不同井网的开发方案，又利用了北京石油学院电网模型，进行了26个层次的模拟试验，完成了萨尔图油田1962年1月1日的储量计算工作。进行了160万次地层对比，完成了45个油层的小层平面图。采用边内横切割早期注水开发方案。开发区总生产井数为600口、注水井数为176口，开发区的年生产能力为535万吨，平均年采油量为439万吨，平均年采油速度为2.76%。1962年5月11日至7月8日，在萨尔图油田召开了"五级三结合技术座谈会"，审查并通过了该方案。1962年8月1日，石油工业部党组批准了该方案。这是自新中国成立以来，第一部由中国专家自己设计完成的油田开发方案。

1962年6月21日，周总理乘专列到萨尔图，由石油部部长余秋里，副部长李人俊、康世恩、唐克等领导陪同视察大庆油田。周总理在2号院大礼堂接见了会战指挥部领导、科技专家和工人代表，由康世恩介绍每人的姓名、职务和业绩。周总理和我握手时，我们做了简短的交谈。随后，大家在礼堂外面与周总理合影留念。在职工餐厅内，总理和大家一起共进午餐，每桌4个脸盆盛菜，都是大庆自产的猪肉、蔬菜和豆腐，主食是馒头和高粱米饭。总理吃得很香，他说："重灾之年，你们靠自己动手，既开采了石油，又生产了粮食，不容易"。

1963年3月，会战指挥部又提出组织编制萨尔图油田282平方千米面积的开发方

案，于 1964～1965 年将萨尔图油田北 2 区、南 2 区和南 3 区作为新开发区，使大庆油田年产油量达到 1000 万吨。我们又组织北京和大庆两地的有关专家展开工作。1963 年 12 月 3 日，周总理在全国人大二届四次会议上作政府工作报告时宣布"中国的石油已经基本自给"，极大地振奋了全国人民。根据新的形势，石油部党组决定成立大庆石油管理局和局党委，任命了年轻的管理层领导干部，结束了由部党组亲临一线的大庆石油会战指挥部和会战工委模式。我也奉命调回北京任石油科学研究院总地质师。

　　1964～1968 年，我又参加胜利油田会战和四川三线建设开气找油会战，70 年代参加过大港和华北的石油会战。1981～1983 年，参加中原油田三年科技攻关会战。后来，为表彰大庆油田为国家做出的贡献，1982 年"大庆油田发现过程中的地球科学工作"项目荣获国家自然科学一等奖，国家科学技术委员会对地质矿产部、石油工业部和中国科学院等 23 名地球科学工作者进行了奖励，我是获奖者之一。1985 年，"大庆油田长期高产稳产注水技术项目"被国家科学技术委员会评为国家科技进步特等奖，我是七名主要完成者之一。同年，"渤海湾盆地复式油气集聚（区）带的理论和实践——以济阳等拗陷复杂断块油田的勘探开发为例"项目也获得国家科技进步特等奖，我是六名主要完成者之一。

　　记者：您的子孙都很优秀，您是如何教育培养自己后代的？

　　李德生：这个要归功于我的妻子朱琪昌。那些年我忙着跑野外，参加会战，不停地出去，家里的事情主要是由她打理。她是我在中央大学的同学，原来在上海沪江大学念化学系。念了一年以后，日本人占领了上海，上海 4 个教会学校——上海沪江大学、圣约翰大学、苏州东吴大学、杭州之江大学就搬到闽浙一带成立了东南联合大学。但是东南联合大学的办学条件很差，教师很少，因为大部分教师还是愿意留在上海。于是朱琪昌就找机会搭了一辆邮政车，从福建出发走了一个月到重庆。当时重庆的高校有借读制度，就是如果你错过高考，可以先在这个学校里借读，到第二年高考的时候再参加入校考试。当时中央大学外文系有很多牛津、剑桥和美国回来的教授，所以开的课很多，她选择了借读中大外文系。但教务处把她在东南联合大学课程一对，发现差了好多课程，所以她插班时就只能降一级到大学二年级，跟我差了一级。当时我们都是上海来的流亡学生，不会讲四川话，生活习惯跟四川人也不一样，所以我们两个人认识以后就开始在学校里谈恋爱了。1945 年，我毕业后从歌乐山离开重庆去玉门的时候，就是她来送我的。我走的时候，抗日战争还没有结束，当时她讲了一句话，"明年我毕业以后也要去玉门"，我说"好啊，你到了玉门以后我们就把家安在玉门"。没想到日本很快就投降了，学校要搬回南京，当时女生跟教授坐飞机从重庆回南京，男生则跟一般的教职员工坐轮船从重庆经三峡回南京。那个时候我们都不知道第二年我就能够调到上海的中国石油有限公

司探勘室。1946年我被公司派往台湾从事重磁力测量工作,1948年我从台湾回到上海后,我们马上就结婚了。1949年我的大女儿李允晨在上海出生,1954年二女儿李延在延长油矿出生,之后儿子李肃和小女儿李玉都在玉门出生,我们一共4个孩子,基本上都是靠她教育和培养的。我妻子很有耐心,她一辈子从来没有打一下、骂一句4个孩子,都是正面教育。记得有一次,我们一个外孙在石油附小上五年级,那时候生活很困难,冬天每家都有一个地窖储菜,我的外孙和几个小朋友跑到人家地窖里偷了一些甜姜吃了,还带了一些回家。她知道以后也不批评,就叫这个外孙把甜姜拿上,带着他去给人家道歉。人家说小朋友喜欢吃就再拿一些去,我妻子说不行,人家的东西不能随便拿,她就用这种方式教育子女。另外,妻子主要靠以身作则,潜移默化。她原来学外文,到玉门后当了一段时间英语教师和翻译,后来她觉得我工作流动性太大,考虑以后无论到哪个油田都有岩心分析实验室,刚好她有沪江大学化学系的一些基础,所以她在玉门就改行去实验室搞岩心分析和采收率研究了。她工作很努力,有时候在实验室里值班,一直等化验分析完成了才回去。新中国成立后单位曾公派她两次出国,第一次是1981年美国能源部邀请去其所属的三个实验室考察采收率。第二次是1984年专门考察美国和新加坡的岩心公司。她除了做本专业的考察以外,因为外文系出身,所以还兼做口译,帮两个考察团解决了很多问题。那个时候对美国的科学技术,我们还是抱着学习的态度,想引进先进技术。除了工作,她还抓紧学习,因为她在沪江大学学的是化学,在中央大学学的是外文,需要补充石油专业知识。因为那个时候这个大院(编者注:中国石油勘探开发研究院)与北京石油学院相邻,现在的中国石化石油化工科学研究院当时是石油部的石油科学研究院,所以她利用这个便利条件,又到石油学院来上夜大,每晚有两个小时课,星期日上一整天课。那时候没有双休日,只有星期日休息一天,这一天她还要到夜大来上课,学机械制造。那时候美国对我们进行封锁,不卖先进的岩心分析仪器给我们。他们接到任务要分析克拉玛依油田的砾岩岩心,但当时普通的岩心分析仪器分析不了。她在新加坡看到美国岩心公司有全直径的岩心分析仪,就想自己做一台。结合她在北京石油学院上夜大所学机械制造的知识,于是每天都在画图,加工全直径岩心分析仪。所以那时候小孩们晚上起来,老是看到妈妈还在走廊里跟她的女同学两个人做功课或加班。我们家这些孩子,到现在都还比较勤奋且各自有所建树,也是因为我妻子以身作则加启发式教育的结果。

李玉(李德生之女):那时候我爸在大庆会战,我妈就带我们4个孩子,自己读夜大。入学的时候是70个人,毕业的时候是7个人,我妈是七分之一,所以说我们每个孩子事业上的成绩取得,都是父母言传身教的结果。

李德生院士接受访谈

（左为本文作者唐大麟，右为李德生院士）

记者：您长寿的秘诀是什么？

李德生：这个问题你们一定很感兴趣。我说两条，第一条是：一半靠医生，一半靠自己。因为身体是我们自己的，医生只能帮我们检查，帮我们诊断得了什么病。自己身体如何？自己肯定比医生了解得要多，所以我们还要结合自己日常生活中的一些感觉，结合检查确定的各项指标，帮助医生治疗自己的疾病。第二条是：一半靠西医，一半靠中医。这个我是有体会的，2014 年我患了比较严重的肺炎，在北京朝阳医院住院，当时从肺里抽出来 700 毫升积液。于是，医生加大了药量，一周后我就从 ICU 加护病房转到了普通病房。住了一个月，但肺部阴影总是不能全部消失。于是，我想应该去西苑医院找中医看看。当时西苑医院有个很有名的肺科老中医，比我小不了几岁。老医生给老病人看病，他有经验，用药很重，给我开了 20 天的药。原先在家时我还需插氧气，吃了两天中药以后，就不需要插了。一个月后我再去朝阳医院复诊，肺部阴影没有了，身体各项指标都正常了。

李玉（李德生之女）：我替爸爸补充几点，一是他始终能在工作中找到乐趣，他这一辈子非常享受他的工作。现在，他每天都会花很多精力在回忆录的写作上，差不多早晨 6 时起来，9 时开始工作到中午，下午读书看报，差不多 15 时休息一会儿，18 时吃饭，然后又开始工作，直到深夜。没有谁强迫他去工作和写作，他对自己感兴趣的事情和琐事分得很清楚。

二是他始终有非常好的心态。过去这100年，人生的风风雨雨，时代的大起大落，他都经历过了。他考大学的时候，是在防空洞口复习课程的。那时候日本人的飞机天天在上空轰炸，白天他借助防空洞洞口微弱的光线复习，晚上回城去参加考试。从浙江一路辗转到重庆中央大学报到时，他口袋里只剩两毛钱。报到后，学校就发给"战区学生贷金"供学习和生活。这些都是我们这一代人想不到的。他的心态永远是积极的，他永远相信前途是光明的。所以人生的经历真的很重要，初始磨难帮助了他的成长，让他看开所有苦难。"文革"时，我们全家都被分开，下放到江汉"五七干校"，我爸在二连，我们跟着我妈在五连，他就在那里种菜。那时我大姐在东北插队，写信说要来看他，他就跟大姐说你路过北京来湖北的时候，给我买些种菜的书，我要成为种菜专家。所以他的心态始终是开朗的，这就是耐挫力。三是他始终保持在一种思考状态中，无论是时事政治、学术科研，或是现在写回忆录，他的大脑始终保持在良性运转中。因此他的大脑没有一刻是空的，手也没有一刻闲的，他要么就在吸收信息，要么就坐那儿写作，输出信息，所以用脑做有用之事也是他的养生之道。

李德生院士大女儿李允晨女士、小女儿李玉博士向记者展示1962年国庆前夕，父亲在克拉玛依市写给子女们的家书（摄影　唐大麟）

记者：您在工作中最大的感悟是什么？对年轻人有何寄语？

李德生：我说两点感悟，也算是对年轻人的寄语。1978年邓小平召开全国科学大会，他说知识分子也是工人阶级的一部分。那时胡耀邦是中央组织部部长，负责给受冤枉的知识分子平反；宋振明是石油部部长，他给我发了平反证书，我的妻子也平反了。我调回来（编者注：中国石油勘探开发研究院）继续当总地质师，朱琪昌还是回到岩心分析实验室，恢复她原先的技术员待遇。这之后我也多了一项任务，就是培养研究生，先是硕士生，后来是博士生，最后可以带博士后。当时因为教育部规定科研单位不能大量培养研究生，所以我们院里的导师一年只能分配到一个学生培养名额。我是从1983年开始带第一个研究生的，到2008年一共培养了25名拿到学位的学生。我对他们的要求是这样的：理论必须来源于实践。我给你一个题目，第一年你必须要下到现场去做实际工作，收集第一手资料。不能够坐在办公室里看人家的资料去写文章，那是空的。当你学有所成，有了自己新的理论以后，反过来又要去为实践服务，所以还得在现场实验中取得实效，不能够空对空。康世恩部长曾说过我们开采石油和开采其他矿种是不一样的。开采其他矿种，无论煤矿还是金属矿，人都可以钻到地下去，直接面对矿藏工作，但石油开采时人是不能钻到地下的，所以搞石油地质工作只能在地面获得重磁、地震、钻井、采油等数据，以了解数百米、数千米以下的油田状态。年轻的时候必须要深入现场，掌握第一手资料，并从这些资料中去伪存真，去粗取精，这是非常重要的一点。

2008年时，我和我最后一个研究生，也是后来的助手李伯华，合写过一篇论文，题目叫作《石油地质学与环境地质学结合，创建能源发展多元化新时代》，当时是为了庆祝《新疆石油地质》创刊30周年而作。那个时候我们已经注意到石油、天然气这类化石能源总有用完的一天，所以我们提出要发展水能、太阳能、风能、地热能、海洋潮汐能、生物质能、核能和氢能等八大可再生能源和新能源。现在，能源行业已进入"双碳"时代了，我跟李伯华还在合写一篇新的文章，对我们过去的观点做进一步升华。未来能源发展进入新时代，碳达峰碳中和目标必须要靠年轻一代的石油人来完成，所以培养年轻一代在"双碳"目标发展方面的技术和理论就很重要，这也是我想对他们说的第二点。

最后我想分享李敬原副部长送给我的一副对联，也是现在挂在我家客厅的几个字——剑胆琴心，宠辱不惊；求真务实，石油报国，这也是我认同的人生感言。

记者：您是一位石油地质科技工作者，为何对绘画素描有兴趣？

李德生：从1941年至1962年，我共保存有150张素描画。那时候我没有照相机，只能以笔作画。我在浙江丽水碧湖镇读高中时，美术老师孙多慈教我们用铅笔学绘画静物或人像。到中央大学后，我学习丁骕老师的地貌学课程，用铅笔学会了绘山脉、河流、树林、田地等形象。在学校安排的三次野外地质实习测量和大学毕业后，从重庆到玉门

油矿车程路途中，只要有停车的机会（因汽车经常抛锚，停车检修），我就用铅笔和本子画下了所见所闻。经我大女儿李允晨收集整理，现已装订复印成册。素描册取名"从大自然来，到大自然去"，分为9章，分别是：

（1）1941～1942年，重庆中央大学柏溪分校（1～5页）；

（2）1942～1945年，重庆沙坪坝中央大学校本部（6～20页）；

（3）1944年9月，中央大学地质系野外实习——綦江铁矿，南川三泉乡，金佛山（21～44页）；

（4）1945年元月，中央大学地质系野外实习——四川华蓥山（45～58页）；

（5）1945年7～9月，中央大学地质系毕业，应聘到甘肃玉门油矿工作——从重庆歌乐山启程，经川北广元、陇东、天水河谷、兰州、河西走廊、祁连山，到玉门油矿（59～110页）；

（6）1945年10月～1946年，河西走廊重磁力测量及祁连山考察（111～159页）；

（7）1949年8月～1950年2月，新中国成立后，江南地区重磁力勘探工作（130～142页）；

（8）1951～1952年，陕北野外地质调查工作（143～145页）；

（9）1962年，新疆克拉玛依艾力克湖畔绘孩子们的画和信（146～148页）。

2023年3月，根据《李德生素描画集》主编李允晨的计划，拟联系出版单位予以付印出版。

《李德生素描画集》封面：从大自然来，到大自然去；

《李德生素描画集》第106页：老君庙甘肃油矿局矿场正门。

/ 5.《中国石油报》2022年11月15日：中国石油集团召开李德生院士学术座谈会，致敬他的卓越学术成就、渊深学术思想 /

中国石油集团召开李德生院士学术座谈会，致敬他的卓越学术成就、渊深学术思想

本报讯（记者孙梦宇）百岁人生，初心耀耀。百年奋斗，使命昭昭。11月14日，在李德生院士百岁华诞之际，集团公司召开李德生院士学术座谈会，致敬他的卓越学术成就、渊深学术思想，激励广大干部员工奋发有为，持续推进石油事业高质量发展。集团公司董事长、党组书记戴厚良院士在座谈会上勉励大家，要大力弘扬石油精神和大庆精神、铁人精神，大力传承以李德生院士为代表的老一辈石油科学家的优秀品质和优良作风，接续奋斗、勇毅前行，为保障国家能源安全、全面建设社会主义现代化国家做出新的更大贡献。

戴厚良指出，李德生院士是国内石油地质学的泰斗，是中国石油工业的重要开拓者和奠基人之一。他为国奉献、艰苦创业、矢志创新的百年人生历程，生动诠释了爱国精神、石油精神、科学精神的实质内核，精彩演绎了中国石油工业的光荣传统，是我国石油科技界的楷模和学习的榜样。

戴厚良表示，要学习李德生院士心有大我、丹心如赤的爱国情怀。从茫茫戈壁到浩瀚雪原，从川中丘陵到巍峨祁连，几乎在每一次石油会战中，都有他艰苦奋战的身影，几乎在中国每一个大油气田，都有他不懈探索的足迹。我们要始终胸怀"国之大者"、勇担时代使命。传承弘扬老一辈石油科学家爱国奉献、心系人民的优良传统，牢记一切工作、一切奋斗都要为党为国为人民，自觉把个人追求融入国家发展和民族复兴之中，坚决扛起为国找油找气、端牢能源饭碗的重大责任。

11月14日，集团公司召开李德生院士学术座谈会（摄影　本报记者常正乐）

　　戴厚良表示，要学习李德生院士勇攀高峰、敢为人先的创新精神。他始终坚持理论联系实际，敢于创新、敢讲真话，编撰出版一批经典著作，为一系列油气重大发现奠定了坚实基础。我们要始终坚定创新自信、勇攀科技高峰。传承弘扬老一辈石油科学家自力更生、自强不息的创新精神，以敢为天下先的创新自信和勇气，在破解关键核心科技

难题上敢打攻坚战，在解决国家重大需求中敢啃硬骨头，努力打造更多"中国创造""中国利器"，真正把论文写在科研攻坚、生产建设第一线。

戴厚良表示，要学习李德生院士勤勉求实、笃行不怠的治学态度。长期以来，李德生院士笔耕不辍、勤奋积累，坚持在油气地质领域不断耕耘，深入思考未来发展方向，不遗余力地为油气增储上产献计献策。我们要始终注重严谨细实、坚持勤奋钻研。静心笃志、心无旁骛，以"板凳甘坐十年冷"的韧劲和钻劲，瞄准国家战略需要、石油工业发展需求和油气生产瓶颈问题，埋头苦干、奋力攻坚，研发更多高水平原创成果，为高质量发展注入不竭动力。

戴厚良表示，要学习李德生院士甘为人梯、奖掖后学的育人精神。在长期的科研与教学工作中，他事必躬亲，言传身教，为我国石油事业薪火相传做出了重要贡献。我们要始终坚持厚德育人，助力青年成长成才。始终站在确保石油事业基业长青的高度，牢牢抓好后继有人这个根本大计，强化青年科技人才的培养，提供更多更好的事业舞台和成长平台，帮助解决后顾之忧，让青年科技人才全身心干事创业，加快脱颖而出，造就能够堪当重任的青年科技人才队伍。

戴厚良表示，要学习李德生院士剑胆琴心、宠辱不惊的人生态度。他始终将党的指示、国家的需要、人民的期盼摆在第一位，始终对兴油报国充满着信心和决心，始终对美好生活充满着激情和向往。我们要始终热爱生活、淡泊名利。积极倡导重实干、重实绩的评价导向，大力倡导讲诚信、守底线的科研作风，大力倡导重协作、懂生活的健康志趣，引领广大科技工作者怀抱理想又脚踏实地，担当奉献又充满激情，在探索真理的进程中成就美好的事业和精彩的人生，营造风清气正、向善向上的学术氛围和科研环境。

李德生院士在发表感言时说，自己从事石油地质工作 77 年来，参加了大庆、胜利、大港、华北等石油会战，为我国从贫油国跃升为世界石油天然气生产大国贡献了一份微力。石油地质工作者要注重规范流程标准，大量收集准确数据和资料，为储量计算和油气田开发等方案提供支撑，带动钻井、物探、采油等工作高质量发展。科研工作者务必要勤奋、慎行、求真、务实，坚持理论联系实际。对于"双碳"下的能源发展，李德生院士提出四点建议：创新石油地质理论和油气勘探开发理论，力争原油长期稳产、天然气产量稳定增长；加强二氧化碳利用，实现提高采收率与减排的双重效应；推动可再生能源水电、风能和太阳能的开发利用；聚焦未来极具潜力的氢能产业发展。

集团公司总经理、党组副书记侯启军主持座谈会。党组成员、副总经理焦方正宣读了中国科学院院长侯建国发来的贺信，贺信对李德生院士多年来为推动祖国科技和教育事业发展做出的重要贡献表示崇高敬意。座谈会上，南京大学校长、中国科学院院士吕建、中国石化集团党组成员、副总经理喻宝才，中国海洋石油有限公司总裁夏庆龙，延

长石油党委书记、董事长兰建文，中国石油股份公司副总裁兼大庆油田执行董事朱国文，两院院士戴金星、贾承造、赵文智依次发言。总经理助理、管理层成员，总部相关部门负责同志参加座谈会。

11月14日李德生院士学术座谈会上集团公司领导赠送贺词留影

（左起：马新华院长、李玉博士、李德生院士、戴厚良董事长、侯启军总经理、焦方正副总经理）

/ 6.《中国石油企业》杂志孟丽娜、唐大麟：峰峦如聚石油情 /

峰峦如聚石油情

那些深藏在地下的黑色黄金，它们在哪里？中国贫油吗？一次次的失败，一次次的希望，深深烙印在他的心里……

作为新中国首任总地质师，百岁的李德生堪称新中国石油地质学的开创者、见证者、建设者；作为迄今为止亚洲地区唯一一位 AAPG 石油地质学杰出成就奖获得者，他是公认的石油地质大师。

2022 年 10 月 17 日，李德生将迎来他的百岁寿辰。在过去的一个世纪里，他目睹过旧中国在战火中饱受欺凌，感受过中国贫油的无奈。他曾与数万名石油建设者奔赴祖国的大江南北，为寻找石油披荆斩棘、筚路蓝缕，谱写了一曲"我为祖国献石油"的豪迈诗篇。当他跨越一个世纪迎来自己的百岁生日时，终于可以自豪地说，"近 80 年来，我目睹了中国石油工业由小到大，由弱变强，发展到现在跃居世界石油生产大国的过程，我们这辈人总算对国家和人民有了一个交代"！

艰难求学，实业救国点燃石油梦想

1938 年，一位普通人家的孩子，正在为自己的命运做出选择。16 岁的李德生初中毕业，年少时为了缓解家庭贫困，父母曾希望他放弃学业进照相馆当学徒。但他央求父母，希望继续上学。在校长的帮助下，他得到了免费读初中的名额，完成了学业。但是战争让他的求学梦想再次陷入困境。初中毕业后，他就思考如何才能继续自己的学业，为此，这位少年做出了一个大胆的决定，去完成人生中第一次冒险。

当时他听说杭州、嘉兴等地的几所高中在浙江丽水碧湖镇成立了临时联合高中，可以让学生免费上学，便怀揣着母亲给的 8 块银圆踏上了求学道路。离开上海时，很多道路由于战争都被切断，他不得不在半夜偷渡过钱塘江，几经辗转来到了丽水碧湖镇。在联合高中的 3 年，生活的艰苦自然不用说，但是优秀的老师、齐全的课程设置，使他圆满地完成了高中学业。

时间来到 1941 年，李德生为了躲避战火，与同学再次踏上异乡路。他们结伴从浙江丽水往西经过江西来到湖南衡阳。当时中央大学、浙江大学、武汉大学和西南联合大学联合招生，而衡阳恰巧是八个考点之一，他立即报名并写下了自己的志愿。

当时，处于战争年代的李德生对石油并没有什么概念，日本侵略中国，他们有飞机，有大炮，而我们的制造业、工业并不发达，只有靠实业救国、工业救国，才可以拯救国家命运。"你既然要实业救国，靠什么？要找矿，找煤矿，找铁矿，找石油矿"。于是他决定在填报志愿时报考地质系。

考试的日子，敌机天天轰炸，为了不耽误复习，他只能蹲在防空洞口借着微光温习，到了晚上轰炸停止才能回到城中考试。最终，他在报纸上看到了自己被录取的消息。尽管战火纷飞，但是录取的程序一个也没有少，负责面试的系主任朱森教授告诉李德生，学地质很危险，恶劣的自然条件不说，战争年代还会被土匪杀害。李德生表示从上海到重庆的困苦、颠沛流离都克服了，不怕。他清楚地记得朱森教授与他人的谈话："地质学是一门务实的科学，要多看地质现象，多收集实际资料，多进行分析研究。要成为一名好的地质学家，需要永远当一名学生"。

求学的日子，李德生辗转一路从湖南到贵阳再到重庆，有一个深切的感触，当时中国的交通实在太落后，很多地方根本见不到汽车，燃料就更不用说了。当时的中国是无法自己生产汽、柴油的，全部依靠进口。为了设法维持有限的交通，不少车辆只能安装冒着黑烟的煤气发生炉，动力不稳定，遇到陡点的坡，所有人都要推着车走。这段路走得实在太过艰难。那个年代有这样一句口号，叫作"一滴汽油一滴血"李德生说，在那个时期他就知道石油资源对于中国有多么重要，因此他便有了报国期待，便有了一片丹心为石油的初心。

勘察地质，看地层，采化石，做鉴定……纵使生活贫寒，岁月艰难，但那些在野外实习和地质调查中获得的宝贵经验，却点燃了他青春的热情与为国找油的梦想。

初心不改，石油之梦从玉门扬帆

地质工作太过艰苦，许多同学中途放弃，但是李德生从未动摇。他在流亡中求学，在敌机轰炸中高考，特别的岁月磨砺着他的人生，为了实业报国他选择了地质专业，并毅然在毕业后选择了前往荒凉的大西北，少年的石油梦想从这里启程。

当时的玉门油矿是我国最大、最先进的油矿,但是玉门油矿地质室也就是几间小平房,彼时中国石油工业勘探开采与世界其他国家相比实在是太落后了。到了玉门油矿之后,他立即加入了重磁力测量队,这也是他第一次真正意义上的石油勘探。

1945年10月,我国第一支野外重力、磁力测量队创建,地球物理学家翁文波任队长,他带领李德生等人展开勘探活动。雪峰连绵的祁连山下那片荒凉的戈壁滩,零下20摄氏度,食物短缺,条件十分艰苦。虽然交通工具是驴车和马匹,但李德生执着前行,乐此不疲。他走过河西走廊的广大地区,三次穿越祁连山脉分水岭,进行重磁力勘探。1946年,他又参加了由著名石油地质学家孙健初领导的地质详查队,每天步行穿越于丘陵山地之间,住在蒙古包中,完成了1∶1万祁连山前大红圈背斜带地质构造图。他参加工作那年,玉门油田只有3万吨的年产油量,且全部用在前线军事上。后来,在玉门石油人的共同努力下产量不断取得突破,7万吨、30万吨、70万吨、140万吨……一步步奠定了我国石油工业的基础。

1946年,李德生由于工作原因调回上海,他的大学女友朱琪昌也在同一年毕业,她追随着恋人的脚步,也回到上海。1948年这对恋人在经历了分别后,终于步入婚姻殿堂,并一同迎来了新中国的诞生。同年,李德生调至西北石油局任陕北石油勘探大队第二地质队队长,主要工作就是针对陕北的三延地区进行地质勘探。

李德生、朱琪昌夫妇结婚照(摄于1948年)

1950 年，新中国百废待兴，关于石油的需求更加迫切。李德生接受了对中国最古老的油田——延长油田做出更深入勘探的工作。年轻的李德生怀着振兴陕北革命老区的满腔热情，来到延长油矿，并在之后被任命为延长油矿地质师兼地质室主任，负责陕北地区石油地质普查和三延地区石油地质详查。怀着报效祖国的赤子情怀，他和地质室工作人员整天奔波在野外，每天沿着延河及小山沟，攀登在路边的岩石上，仔细寻找油苗从裂隙渗出的痕迹。他们随身带着罗盘、皮尺和榔头，用罗盘确定裂隙的方向、倾角和走向，用皮尺丈量裂隙间的距离，用榔头采集砂样。在每一个地质点，他们详细笔录，准确丈量地质剖面，具体描述岩心性质，广泛采集样品，晚上回到住宿地在煤油灯下绘制成图。那时候没有交通工具，他们就雇老乡毛驴，驮着灶具、粮食、蔬菜、工具、办公桌及绘图用具。一般情况是，每天早上确定当天的工作范围，预计天黑前能到什么地方，雇来的老乡兼厨师就提前赶着毛驴向目的地赶去，找老乡租赁个窑洞，打扫下，把锅灶安好，准备晚上的饭菜，而李德生他们则背着工具开始沿河工作。中午饭就是随身携带的干粮，饿了啃几口，渴了喝点山泉，困了找个干净点的石头躺上一会儿。就这样，每一年李德生和他地质室的同事们都在外普查半年多，然后回到七里村油矿整理资料，再根据资料确定井位。

　　20 世纪 50 年代初，石油部邀请苏联专家来延长油矿会诊，李德生做了充分准备，将所有资料进行了归类整理。为了便于苏联专家观察岩心，他和工友一起将几吨重的数百米岩心一箱箱排列在窑洞外的平地上，等待专家指导。每一支岩心上都清楚地标注着对应的油层厚度等数据，这些完整而严谨的工作细节，让苏联专家赞叹不已。1954 年元月，李德生完成了《延长油矿 1953 年地质报告》。在这份报告中，他明确提出了延长油田提高开采储量的新思路，为这座油田此后的开采生产奠定了基础。

　　1953 年妻子和女儿从上海来到了延长油矿，刚稳定了一年，李德生又要调到甘肃玉门。因为常年跟着石油勘探任务走，他练就了一手打包装箱的本事，用木板钉几个箱子，拖着行李就出发了，到了住的地方，搭上两块木板就是床。在玉门期间，他的儿子和小女儿出生了，为了纪念在甘肃玉门的生活和工作，夫妻俩分别给孩子起名为李肃、李玉。

　　玉门油田作为当时全国最重要的油田，国家对它提出了更高的要求。到任后的李德生，一方面系统地整理每一口油井的资料，同时对石油的注水开采方案不断优化，推动石油产量逐步提升。随着鸭 1 井测试并持续稳定喷出了原油，整个油田都振奋了起来。大家一齐上阵，高产油区被迅速钻探开采出来，一座全新的油田很快投入了生产。凭借这个新油田的开发，玉门油田在 1958 年提前完成了年产 104 万吨的任务。

百折不挠，探索之路没有穷期

1958 年 3 月，川中出油的喜讯立刻传遍全国，一场轰轰烈烈的石油会战由此拉开。1958 年 5 月，李德生由玉门油田调任川中矿务局任总地质师。他还是采取老方法——依靠扎实的数据来获得结论，随着分析的深入，他对川中 3 口井的前景越来越不乐观。他判断川中盆地很可能不是一个好油田，总地质师的分析给大家浇了一盆冷水，有人质疑，有人反对。尽管如此，他依旧坚持自己的看法。但这位总地质师的分析根本无法让大家冷静下来，反倒受到了批评。随后，川中石油会战遇到极其复杂的局面，3 口井停止了产油，他的推断也得以验证，这次挫折给新中国的石油勘探积攒了宝贵的经验。多年后，李德生还是坚持这个信念，"尊重科学，尊重事实，一切行动必须符合客观条件"。

1959 年底，一个令人振奋的消息终于从广袤的松辽平原传来，那里有了新的发现，松基三井出油了，李德生再次参战。

12 月 12 日，李德生来到大庆油田后，立即开展工作。由于此前积累的资料太少，余秋里部长提出的"是大油田还是小油田，是好油田还是坏油田，是活油田还是死油田"这三个问题无法完全答复。恰恰在此时，一个突然而至的资料，让此后的工作有了方向。1960 年 1 月 1 日，地质部将北部萨尔图、杏树岗、喇嘛甸构造的地震测量图送到了大庆。有了这份测量图，就如同看到了这个区域的大致轮廓，这也让大家对地下构造有了底。按照传统的操作规程，要以松基三井为中心保持 2.5 千米间隔，依次向外再开采钻探一批探井，而李德生却提出了一个大胆观点：可以在更远的跨度选择三个点位来确定全局，这样做既节省了时间，也加快了节奏。李德生计划在三个位置：萨尔图、喇嘛甸、杏树岗各钻一口预探井，通过这 3 个点来确定松辽盆地的北部是不是像人们期待中那样有着丰富的油藏。

萨尔图的早冬已是地冻天寒，清早 7 时，一辆吉普车就在没有路的草原上奔驰着。李德生一手拿着罗盘，一手拿着地形图，他需要尽快确定适合的井位。手中的地形图，也是他连夜赶制出来的。第一天的下午，第一口井位确定，立刻调来钻井队施工作业，他则马不停蹄地赶往下一个点位。1960 年 3、4 月份好消息不断传来，3 个点位打下的油井相继出油，单井产量 100 ～ 200 吨 / 天。李德生说 3 口井的油水界面一样，都是海拔 −1050 米，说明这 3 个构造可能还是连在一起的。这个推测顿时让人们激动了起来，很可能这 3 口油井是连接在一起的，如果推测成真，3 口井所覆盖的 800 平方千米的面积，将会出现一座中国历史上从未有过的超大油田。

1963 年 2 月在松辽平原发起石油会战的申请得到了批准，整个石油系统迅速行动起来，来自全国的数万名石油工人汇聚到此。李德生在这场会战中担任地质指挥所副指挥兼地层对比大队大队长。随着大会战的展开，一些技术问题也随之出现——按照石油勘探的要求，要划分出清晰的油层、水层，以及中间两者共存的可疑层，由于岩心数据不全，存在很多不确定因素，不能帮助勘探队员做出正确决断。李德生表示，我们既要高速度，也要高水平。于是他和工作人员连夜编制要取全取准20项资料、72项数据的规程。第二天，他就在专项会议上向各个钻井队明确要求执行这样的操作规程。这些看似严格而烦琐的流程，给勘探和开采提出了一个科学的操作规范，它的确定和实施使大庆乃至后来整个中国石油开发事业有了科学规范的技术依据和行动准则。

李德生、朱琪昌夫妇90华诞全家福

随着大庆油田开采的逐步展开，勘探者必须解决一个重要问题，那就是怎样让大庆油田形成稳定持久的开采？这才符合一个大型油田的长期规划。李德生提出了自己的看法：大庆长垣构造带1200平方千米，是个长条形，像一个黄瓜一样，只能采用横切割方法，根据钻探力量和产量要求，一块一块开采。逐步的横切割开发方式，使整个开采都能在统一的步调下进行，从而形成稳定持续的生产，这为开发大型陆相油田开创了一个崭新的思路。大庆油区的开发彻底改变了中国石油工业的落后面貌，对新中国工业发展产生了重大影响，也对实现石油产品基本自给起到了决定性作用。

就在大庆石油会战结束不久，李德生又马不停蹄地赶往华北平原，在那里另一场会

战即将开启。1964年1月，7000多名参加了松辽会战的石油工人挥师南下，开始了华北石油勘探会战。1964年5月率先探明了山东第一个大油田，它就是此后的胜利油田。胜利油田的地质结构极为复杂，李德生依旧采用了最朴素的方法：依靠对断层数据和化石资料的分析，逐步揭示了渤海湾盆地奥秘。他的研究明确了整个渤海湾盆地中油气资源的分布规律，为此后的勘探和开采提供了科学依据。

李德生院士在办公室工作

此后，李德生被下放到大港油田和任丘油田工作5年，担任渤海湾综合研究大队地质顾问。1976年辽河发现西斜坡大油田，他被石油部派往辽河曙光油田会战前线。在曙光地区大约200平方千米范围内进行全面勘探和开发。后又被派往中原油田，参加科技攻关会战，探明了黄河以北近500平方千米的含油面积和储量……

从1945年到现在，无论是野外调查、井口工作、开会听报告、座谈讨论，他都眼到、耳到、心到、手到。70多年来，他的工作记录本累计有数百本之多。他在多种场合下说过，只有博闻强记，才能推陈出新。尊重科学、敢讲真话是科学家应有的品格

"三十功名尘与土，八千里路云和月。"李德生院士的经历起起伏伏。总结几十载风雨历程，李德生希望通过不断提高自己的专业技能，解决我国石油地质方面遇到的各种复杂问题。1978年全国科学大会的召开带来了科学的春天。他被石油工业部调回北京，任石油勘探开发科学研究院总地质师、教授级高级工程师、博士生导师。1991年，李德

生当选中国科学院院士。今天的李德生仍在不断思考着石油的未来："双碳"目标已成为我国能源发展的基本国策，如何开展这一大背景下的石油地质研究？如何推动能源多元化发展？是石油科技工作者面前的现实问题。在碳达峰与碳中和应对全球气候变化的大背景之下，21世纪内石油和天然气仍将担任能源家族中的重要角色。我国石油工业要立足于理论和实践的自主创新，实现"万米级的超深层常规油气革命"和"纳米级超致密储层的非常规页岩油气革命"，实现超常规发展和低碳绿色转型发展。油田注水开发是我国提高采收率的核心技术，今后应大力推广注二氧化碳驱油技术，以达到增油和减排的双重目的，创新二氧化碳捕集和埋存，发展石油工业的减碳产业。21世纪为能源发展的多元化时代，水电、风能和太阳能等三类可再生能源开发利用是实现"双碳"目标的基本保障，地热能、生物质能和海洋能是重要推手；22世纪人类将建成一个由可再生能源和新能源保障的经济社会，氢能源将是未来最具发展潜力的新能源。

从玉门到延长再到玉门，从川中到大庆再到胜利、大港和任丘，李德生见证了中国石油事业的每一个重要节点，无论何时他都坚守着科学、客观和严谨，以最朴实的工作方式求真务实，也用自己累累的科研硕果证明了人生没有捷径，唯有扎实奋进方得始终。李德生将一腔热情倾注在石油勘探事业，又用毕生的岁月绘就了勤奋努力、充实而淡泊的人生。

/ 7.《科学家》杂志叶雨：李德生：踏遍祖国的每一个油区 /

李德生：踏遍祖国的每一个油区

一百年很短，在历史长河中只是弹指一挥间。一百年也很长，足够一个人用行动写下许多传奇的诗篇，见证一项事业从弱小走向强大、一个民族从低谷走向复兴。

中国石油勘探开发研究院教授、中国科学院院士李德生就是这样一位见证者。他生于民族危亡之际，少年时饱受战乱流离之苦，于炮火中立下救亡图存志向。为了实现"为中国找油"的理想，他一生四海为家，玉门、大庆、延长、胜利、大港、任丘、辽河、柴达木、塔里木……几乎中国每一个大油田，都有他用小地质锤敲打过的痕迹。从风华正茂到期颐之年，衣襟染霜华，青丝成雪。不变的，始终是他强国的梦和牵挂油田的心。

烽火中许下铿锵誓言

从江南水乡到塞外戈壁、林海雪原，李德生走过很多地方。不同于他后来在工作上的主动从容，少年时的旅途总是满载无奈与仓皇，这背后，浸满了一个国家的血与泪。

1922 年，李德生出生在上海。那时的中国还挣扎在半殖民地半封建社会的泥潭中，山河破碎，国弊民穷。李德生家境普通，一家人生活十分拮据，幸运的是孩子们还有书可读。有学可上。然而好景不长，战火很快蔓延至上海，他们不得不从杨树浦逃亡至租界。从那时起。"宁死不做亡国奴""实业救国"的信念就深深根植在李德生的心底。

在简陋的临时居所中，李德生时不时能够听到近处传来的炮火声——那是后来大名鼎鼎的淞沪会战的战场回响。这场战斗持续了 3 个月之久，最终，中国军队因寡不敌众，不得不分批撤出战场。11 月 12 日，上海宣告沦陷，数以万计的中国百姓流离失所，妻离子散。

为学习本领，报效国家，李德生决心辞别家人前往异地求学。临行时，母亲将家中仅有的积蓄——8 块银圆交与他。并含泪嘱托："你要自己一路小心。我们以后恐怕不能再接济你了。"战火纷飞的岁月里，人员往来何其艰难！一封家书堪比黄金万两。李德生明白，此去一别，不知何日才能再次相见。可国若不存，家又何在？

这个十五六岁的少年已经表现出常人难以企及的坚定意志，毅然与同伴穿越沦陷区。辗转到达浙江丽水，以沦陷区学生的身份公费入读浙江省立临时联合高中。不想，临近高中毕业时，炮火再次逼近。日军占领温州，学校被迫迁至大山深处，毕业班的学生也被催促着尽快离开。

1941 年 8 月，李德生赶往湖南衡阳参加重庆中央大学、武汉大学、浙江大学、西南联合大学 4 所大学的联合招生考试。由于日军的频繁轰炸，他们只能白天躲进防空洞。借着洞口的微光复习，夜晚才能悄悄回到城里的考场参加考试。10 月 6 日，录取通知刊登在《中央日报》上，以告知四处流亡的考生。李德生欣喜地看到，自己被重庆中央大学地质系录取——这是他的第一志愿。

彼时，日军占领了我国东部和中部半壁江山，我国又因沿海口岸的相继陷落失去进口燃料的渠道，西北和西南抗日后方汽油和柴油奇缺。

李德生乘坐中央大学安排的从郊区到重庆市区的校车时发现，校车只能以木炭炉产生的煤气和桐油、茶油、菜籽油等植物油炼制的柴油为燃料，这类燃料驱动下的汽车不仅行驶速度慢，还经常因动力不足而"罢工"。每到这时候，司机就要下车拉动风箱，把火烧旺才能继续前进。这让李德生深刻意识到：没有石油，飞机、坦克、汽车就是一堆废铁。"为中国找油！"他在心底许下这样的誓言，并选择经济地质学作为专业方向，主要研究包括石油、煤矿、铁、锡、铝等在内的多种经济矿物的勘探开发。

1945 年，李德生大学毕业之际，甘肃玉门油矿局的矿长严爽来学校招聘人才，打出了"来者不拒"的旗号。但由于玉门条件艰苦，地质系应届毕业生中只有 3 人毫不犹豫地选择到玉门油田去，李德生是其中之一。

从重庆到玉门，隔着 2500 多公里。一路目之所及，由郁郁葱葱的山林渐渐变为漫漫黄沙尘土。往往行进数日而绝无人烟……这次旅程。要比李德生以往经历过的任何一次"迁徙"都走得更久、更远，到达的地方也更艰苦、更荒凉。但他的内心却满是期待和愉悦——为中国找油的人生篇章，就要在这里拉开序幕。

2020 年 12 月 15 日，李德生在集团公司科技专家委员会上发言

摘掉"贫油国"的帽子

摘掉"贫油国"的帽子，把新中国建设成石油生产大国，是李德生一生的追求。

1949 年 10 月 1 日，中华人民共和国成立。新中国刚刚建立就面临着国内石油短缺、西方石油禁运的问题。因为在此之前，我国石油工业的基础十分薄弱，仅有甘肃玉门老君庙、新疆独山子、陕西延长等几个小规模油田，国内消费的石油基本上依靠进口。那时，西方国家普遍认为，中国是贫油国家。

这种结论给中国造成了很长时间的巨大精神压力。中国真的没有石油吗？难道只能任由西方国家"卡脖子"？中国是否贫油，不仅是一个理论问题，更是一个关乎民族命运的实践问题。只有找出巨大的石油储量并最终从地下生产出大量的石油，中国人才能真正摘掉"贫油国"的帽子，靠自己把国家建设起来。

1959 年 9 月 26 日，东北松辽盆地上。编号为"松基三井"的井口终于喷出了黑色油流，为寒冬里的中国带来了春天的消息。

数月后，大庆石油会战打响，李德生毅然奔赴战场。经过多日的考察和研究，他提出一个大胆的建议：甩开探测，直接在松基三井北部 70 公里外的萨尔图、杏树岗、喇嘛甸三个大构造顶部各打一口预探井。事实上，这种做法并不合规矩。一般探井见油后，常规做法是以已出油井为基点，每隔两公里打评价井，以探明油田边缘及储量，而根据地质构造情况做出的推测并不能保证百分之百出油。但那时的中国外有经济封锁，内有自然灾害，处处要用油，处处都缺油，连北京的公共汽车也背上了煤气包，空军训练和执勤的飞机也一度因为油料紧张不能正常起飞。"改变石油工业落后面貌在此一举，必须全力以赴，尽快拿下这个大油田。"

行动获得批准后，李德生连夜利用缩放仪将地质部送来的1∶10万的地震构造图放大至和他手里地形图一样的1∶5万比例。因为只有两张图比例一致。才能在实地找到构造顶部。天一亮，他就带上测量队顶着风雪出发了。茫茫雪原上，到处是连成片的芨芨草和水泡子，根本无路可走。仅仅依靠着手里的地形图、地震构造图和罗盘仪，李德生带领探测队找到萨尔图附近的大架子屯，以它为基点，他们展开精确测量，最终确定了萨尔图构造的顶部。1960年1月2日，李德生亲自钉下标定预探井"萨1井"（出油后改编为"萨66井"）井位的木桩；3日，定下"杏1井"（出油后改编为"杏66井"）井位；4日，定下"喇1井"（出油后改编为"喇72井"）井位。完钻后，3口预探井测试均获日产原油100～200吨。

鉴于这3口井高产、常压、水油界面一致，研究人员推测这3处油田应当连为一体，总面积或有800多平方公里。当时，大庆会战指挥部要求在勘探、开发的整个过程中，必须取全取准20项资料、72项数据，狠抓科学实验，开辟生产试验区，进行10种开发方法的试验，同时抓紧综合研究和技术攻关，解决油田开发重大技术难题。"九热一冷"是当时大庆石油人的真实生活写照：九成的时间用在热火朝天的生产实践中，一成的时间用在冷静研究工作中存在的问题和提高认识上。平日的休息时间是每旬工作9天，休息1天。每月月末则有3天时间召开"五级三结合"技术座谈会。"60多个井队，哪个队打哪个井，都要我们发井位意见书。哪里有断层，哪里遇到油层能够打井……事先都要进行对比研究。"那段日子里，李德生和同事们从未有一天在凌晨1点前休息，但每个人仿佛都有用不完的干劲儿。

后来，经研究证实，喇嘛甸、萨尔图、杏树岗3个构造含油面积连为一体达920平方公里，大庆确实为性质良好的特大型油田。这证实陆相地层能生油，而且能形成巨型油田，颠覆了西方国家所谓的"中国贫油"理论。

1961年，李德生进一步建议，采用横切割分区开发和早期线状注水技术保障大庆油田的高产稳产。1963年12月，周恩来总理在第二届全国人民代表大会第四次会议上庄严宣布：我国需要的石油，现在可以基本自给了。1964年，大庆油田实现在开发面积内原油年产量达500万吨。1976年全面投入开发后，大庆油田原油年产量稳定在5000万吨以上。昔日野草丛生、人烟稀少的荒原，已变成绵延百里的油区，彻底摘掉了中国"贫油国"的帽子。

2021年2月22日，李德生在办公室与部分研究生座谈
（左起：李玉、赵文智、郑丽艳、蔚远江、李伯华、李德生院士、张延玲、张兴、李大伟、
李鹏举、罗群）

保持永远学习的状态

　　李德生参加工作那年，全国石油生产的重要基地——玉门油田，只有3万吨的年产油量，全国前线大半军需皆靠此支撑。2021年，中国原油产量为1.99亿吨，天然气产量约2060亿立方米，页岩油产量240万吨，页岩气产量230亿立方米。今天的中国早已不是百年前的中国！对此，李德生欣慰地表示："我目睹了我国石油工业由小到大、由弱变强，发展到现在跃居世界石油生产大国的过程，我们这辈人总算对国家和人民有了一个交代！"

　　如今，期颐之年的李德生仍经常到办公室工作。这一切，还是为了那个不变的理想：为中国找油。虽然我国已从贫油国跃居世界产油大国，但与百年前相比，当下全球能源资源供给长期偏紧问题更加突出，我国能源消费总量同样位居世界前列。油气供需缺口越来越大，石油对外依存度逐年攀升，且进口能源经济风险和运输风险都在增大，能源供应安全已经成为我国现代化建设进程中最严峻的挑战之一。

李德生坚信，一定还有许多尚未认识的石油勘探领域和地质规律等待着大家去探索和发现。作为石油人，理当把自己的积淀、过去的基础，在理论方法上提高再提高，要超越自己、超越前人。犹记得，70多年前入学面试那天，系主任朱森曾对他说："学地质就会不断有新的资料、新的地质现象，所以你要永远地做一个学生，不断学习。"这句话，李德生始终在践行。从1945年到现在，无论是野外调查、井口工作、开会听报告、座谈讨论，他都眼到、耳到、心到、手到，工作记录本累计有上百本之多。

"只有博闻强记，才能推陈出新。"李德生认为，依靠日新月异的勘探技术进步，不断发现新的油气储量增长点是今后努力的方向；与此同时，还要依靠科技进步开发各种非常规油气资源，并着手开展对清洁能源和各种可再生能源的研发工作。他寄语年轻一代："我们搞地质工作，要扎扎实实地干，这个工作是越干越深，遇到的问题也会越来越多。图要一遍一遍地描，野外要一步一步地走，拿到的测井资料，要一段一段地分析研究，要爱国敬业。求真务实。"

七、李德生院士百岁华诞庆典活动影集与相关活动照片集锦

2022年10月17日中国石油勘探开发研究院马新华院长（右）、窦立荣书记（左）
赴李院士（中）家中贺寿并留影

2022年10月17日中国石油勘探开发研究院马新华院长、
窦立荣书记为李院士贺寿并赠送贺屏

2022 年 10 月 17 日李院士与子女合影

（左起：李玉、李肃、李德生、李允晨、李延）

2022 年 10 月 17 日李德生院士与子女、孙子女（前一李书骏，后一李姝影）合影

2022 年 10 月 17 日李院士生日留影

（左起：李玉、李肃、李德生、赵文智、李延、李允晨）

2022 年 10 月 17 日李院士生日留影

（左起：李延、张延玲、李玉、李德生、李肃、李允晨、李宁、康楚娟）

李德生院士与亲戚、子女合影
（左起：李玉、周其仁、李德生、李肃、李允晨、李延）

2022 年 10 月 17 日李院士生日，与长女李允晨合影

2022 年 10 月 17 日李院士生日，与二女李延合影

2022 年 10 月 17 日李院士生日，与三子李肃合影

2022 年 10 月 17 日李院士生日，与四女李玉合影

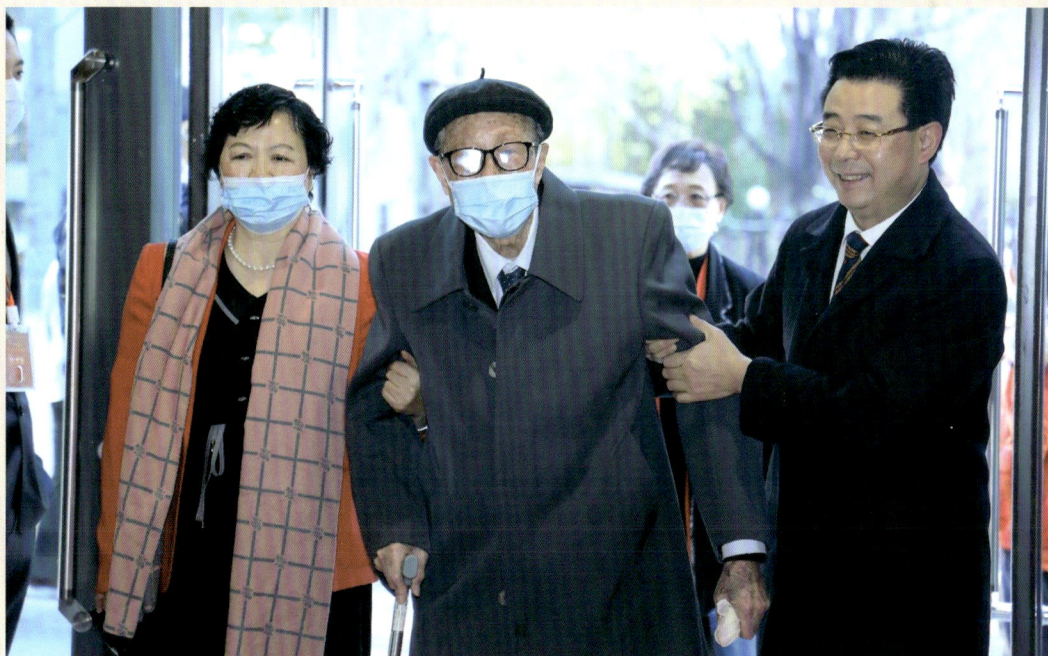

2022 年 11 月 13 日李德生院士学术思想研讨会，李院士步入会场

（左起：李玉、李德生、李允晨、邹才能）

2022 年 11 月 13 日李德生院士学术思想研讨会，李德生院士在嘉宾签到簿上签名

2022 年 11 月 13 日李德生院士学术思想研讨会，李院士步入会场

（左起：李延、李德生、李玉、宋岩）

2022 年 11 月 13 日李德生院士学术思想研讨会，李德生院士在会场
（左起：李玉、李德生、李允晨）

2022 年 11 月 13 日李德生院士学术思想研讨会，李德生院士在会场
（左起：高福、李德生、李玉、李延）

2022 年 11 月 13 日李德生院士学术思想研讨会，会场展厅

（左起：孙龙德院士、贾承造院士、王志刚）

2022 年 11 月 13 日李德生院士学术思想研讨会，会场展厅

（左起：孙龙德院士、李玉博士、李德生院士）

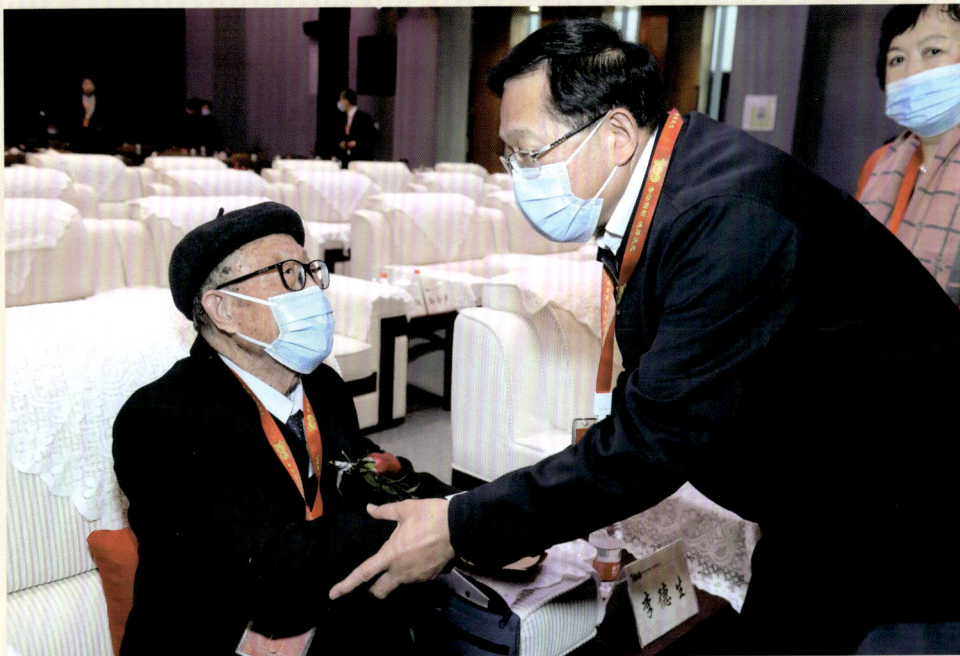

2022 年 11 月 13 日李德生院士学术思想研讨会，会场

（左起：李德生院士、焦方正副总经理）

2022 年 11 月 13 日李德生院士学术思想研讨会，会场

（左起：邹才能院士、李德生院士）

2022 年 11 月 13 日李德生院士学术思想研讨会，李院士与嘉宾合影

（后排左起：窦立荣、贾承造、沈平平、翟光明、赵文智、马新华）

2022 年 11 月 13 日李德生院士学术思想研讨会留影

（后排左起：窦立荣、邹才能、孙金声、赵文智、袁士义、李宁、姜仁旗、雷平、张水昌、宋岩）

2022 年 11 月 13 日李德生院士学术思想研讨会，李院士与嘉宾合影

（后排左起：史力勇、张红超、赵玉集、张宇、王红岩、曹锋、王凤江、刘志舟、顾兆斌）

2022 年 11 月 13 日李德生院士学术思想研讨会，李院士与部分弟子合影

（第二排左起：汪永华、蔚远江、赵文智、姜仁旗、熊燕、吕博慧、张兴；

第三排左起：齐洁、李大伟、李伯华、吕修祥、何登发、吕欣荣）

2022 年 11 月 13 日李德生院士学术思想研讨会留影

（李德生与焦方正副总经理）

2022 年 11 月 13 日李德生院士学术思想研讨会留影

（后排左至右：窦立荣书记、马新华院长）

2022 年 11 月 13 日李德生院士学术思想研讨会留影

（李德生与邹才能院士、副院长）

2022 年 11 月 13 日李德生院士学术思想研讨会留影

（李德生与孙龙德院士）

2022 年 11 月 13 日李德生院士学术思想研讨会留影

（后排左起：李玉、贾承造院士、戴金星院士）

2022 年 11 月 13 日李德生院士学术思想研讨会会场

2022 年 11 月 13 日李德生院士学术思想研讨会留影

（后排左起：姜仁旗、赵文智、张兴）

2022 年 11 月 13 日李德生院士学术思想研讨会留影

（后排左起：宋岩、王喜双、李阳）

2022 年 11 月 13 日李德生院士学术思想研讨会留影

（前中油股份公司副总裁沈平平、李德生院士）

2022 年 11 月 13 日李德生院士学术思想研讨会留影

（后排左起：学生姜仁旗院士、焦方正副总经理）

2022 年 11 月 13 日李德生院士学术思想研讨会留影

（李德生院士与戴金星院士）

2022 年 11 月 13 日李德生院士学术思想研讨会留影

（李德生院士与李阳院士）

2022 年 11 月 13 日李德生院士学术思想研讨会留影

（后排左起：学生赵文智院士、金之钧院士）

2022 年 11 月 13 日李德生院士学术思想研讨会留影

（李德生院士与苏义脑院士）

2022 年 11 月 13 日李德生院士学术思想研讨会留影

（李德生院士与李宁院士）

2022 年 11 月 13 日李德生院士学术思想研讨会留影

（李德生院士与学生张兴博士）

2022 年 11 月 13 日李德生院士学术思想研讨会留影

（后排左起：李延、王志刚、袁士义院士、刘玉章、姜汉桥）

2022 年 11 月 13 日李德生院士学术思想研讨会留影

（后排左起：高福院士、李肃博士）

2022 年 11 月 13 日李德生院士学术思想研讨会留影

（后排左起：薛叔浩、陈子琪）

2022 年 11 月 13 日李德生院士学术思想研讨会留影

（后排左起：吕牛顿、邢瑞林）

2022 年 11 月 13 日李德生院士学术思想研讨会留影

（后排左起：穆淑敏、廖明书）

2022 年 11 月 13 日李德生院士学术思想研讨会留影

（后排左起：何登发、顾家裕）

2022 年 11 月 13 日李德生院士学术思想研讨会留影

（后排右起：蔚远江博士后、汪永华夫妇）

2022 年 11 月 13 日李德生院士学术思想研讨会留影

（后排：李大伟博士）

2022 年 11 月 13 日李德生院士学术思想研讨会留影

（后排左起：李肃、李玉、周其仁、李允晨）

2022 年 11 月 13 日李德生院士学术思想研讨会，与子女合影

（后排左起：李肃、李允晨、李玉、李延）

2022 年 11 月 13 日李德生院士学术思想研讨会，与子女、孙子女合影

（后排左起：李延、李肃、李书骏、李玉、李姝影、李允晨）

2022 年 11 月 13 日李德生院士学术思想研讨会，与大女儿李允晨女士

2022 年 11 月 13 日李德生院士学术思想研讨会，与外甥周其仁教授

2022 年 11 月 13 日李德生院士学术思想研讨会，与二女儿李延博士

2022 年 11 月 13 日李德生院士学术思想研讨会，与小女儿李玉博士

2022 年 11 月 13 日李德生院士学术思想研讨会，与记者唐大麟

2022年11月13日李德生院士学术思想研讨会，会议工作人员

2022年11月13日李德生院士学术思想研讨会，大会发送《地学前缘》专刊、
杂志专刊、画册、寿碗纪念

2023 年 9 月 24 日完成纪念集编辑校改，工作汇报研讨后合影

（左起：副主编李玉博士、李德生院士、主编蔚远江博士、编校辅助汪永华）

2023 年 9 月 24 日完成纪念集编辑校改，工作汇报研讨后李德生院士留影

八、李德生院士携子女感谢文

2021年9月10日由中国石油勘探开发研究院贾承造院士及赵文智院士，中国地质大学（北京）何登发教授、中国石油大学（北京）吕修祥教授四人向国内石油地质界联合发出"中国含油气盆地构造学与油气分布规律研究进展暨李德生院士百岁华诞庆祝"专辑论文出版征集邀请，并得到很好的响应。主编王成善院士、常务主编王小龙及团队在中国地质大学（北京）与北京大学合办期刊《地学前缘》上出版了2022年10月29卷第6期与2023年1月30卷第1期专辑，共39篇中文论文、4篇英文论文。主要作者为贾承造院士、赵文智院士、何登发、吕修祥、李德生院士、李伯华、杨树锋院士、何治亮、徐旭辉、刘池洋、郭彤楼、赵贤正、李大伟、吴晓智、杨学文、王小军、冯志强、郑和荣、王清华、管树巍、杨风丽、朱伟林、李路顺、熊伟东、罗金海、杨雨、陈蟒蛟、付金华、包洪平、张锐锋、金凤鸣、魏浩元、何壁竹、胡国农、郝世彦、李玉、邹才能院士、王香增、何文渊、罗群、卢双舫、姜仁旗院士（俄罗斯自然科学院）、周路等，我对各位作者的高质量学术文章，对王成善院士的序，对何登发、王小龙的精心出版编辑表示非常欣慰。

2022年元月邹才能副院长前来拜年，并与我商讨院里希望为我百岁期颐生日庆生。我提出三点意见：①由院里主办李德生学术思想研讨会；②邀请长年共事的老同事、老朋友；③规模限在100人以内。6月15日，中国石油副总经理焦方正等党组成员来院，讨论以简朴而有意义原则的实施方案，突出"交流学术思想，致敬大师风范，弘扬科学家精神，延续石油血脉"为主旨，以及"一场学术交流，一场座谈会，一次主题宣传"等三个单元进行。作为百岁石油老兵，我接受了这个任务。11月13日上午9～12点，我院在北实验区报告厅隆重举办了李德生院士学术思想研讨会。虽受限于疫情影响，仍有一百来位在京的领导、院内外院士、科技骨干、老同事、老朋友和我教过的硕士、博士、博士后学生，以及在京家人们欢聚一堂，并有线上外地的领导和朋友同步观看。

研讨会展示《李德生百岁院士画传》(石油工业出版社编辑出版)，放映《我是科学人》人物纪录片（CCTV10采访制作），发布《地学前缘》上下集专辑。研讨会从会场背景、展览板的设计布置，到参会人员的邀请落实、大会发言安排、影像播放、会务各项工作以及与总公司座谈会的协调等等，各个部门，包括院办、院士办、宣传处、人事处、科研处及专家室等部门，克服了疫情带来的种种困难，做了大量的工作。很多同志都是在自己本职工作之外，加班加点参与会议的组织筹备工作，使得这次研讨会成功举办，体现了大庆精神！

我本人深受感动，我和我的子女在此特向院领导和本次研讨会筹备组参加筹备工作的各个部门，特别是院士办公室，以及参与本次研讨会组织工作的所有同志表示衷心的感谢和敬意！特别是马新华院长代表院领导在大会上授予我"石油科学家楷模"荣誉称号及荣誉证书。我相信青年朋友们会为中国石油的明天做出更好的成绩。

第二天，2022年11月14日下午3点，中国石油集团公司又在总部C座23层昆仑厅召开李德生院士学术座谈会。我由我的小女儿李玉博士陪同参加。座谈会由中国石油集团总经理侯启军主持，董事长戴厚良（中国工程院院士）及副总经理焦方正全程参加。发言嘉宾有中国石化集团副总经理喻宝才，中国海洋石油有限公司总裁夏庆龙，延长石油党委书记及董事长兰建文（视频），大庆油田执行董事、党委书记朱国文（视频），中国科学院院士戴金星，中国科学院院士贾承造，中国工程院院士赵文智。我在会上亦发表了感言，我谈了最近我和助手李伯华博士为《地学前缘》专辑写了一篇《"双碳"背景下石油地质学的理论创新与迈向能源发展多元化新时代》的文章，请领导和专家阅后指正。会议最后由中国石油董事长、工程院院士戴厚良做总结讲话：①我们要学习李院士心有大我、丹心如赤的爱国情怀；②我们要学习李院士勇攀高峰、敢为人先的创新精神；③我们要学习李院士勤奋求实、笃行不怠的治学态度；④我们要学习李院士甘为人梯、奖掖后学的育人精神；⑤我们要学习李院士剑胆琴心、宠辱不惊的人生态度。李院士提出的"双碳"背景下的四点思考与意见，对于我们怎么样在"双碳"背景下建设多能互补，特别是对于我们怎样把我们的油气作为奠基石、压舱石，同时并举新能源与可再生能源的发展，具有非常强的指导意义。

部分报刊媒体发表文章：

- 2022年11月15日《中国石油报》在第三版刊出"我的石油地质生涯——中国科学院院士、石油地质学家李德生"。
- 2022年11月14日《科技日报》在第一版刊登"做科研工作，务必勤奋、诚信、求真务实——一位百岁院士的嘱咐"。
- 2022年10月18日《中国石油报》在第三版特约记者王建强、穆歌，该报记者余果林刊登"百岁华诞扬风骨　一片丹青向石油——记我国石油工业奠基者之一李德生院士"。
- 2022年第9期《中国石油企业》杂志（总第449期）发表记者唐大麟访谈录"一个世纪的坚守与回望——访中国科学院院士、石油地质学家李德生"。
- 2022年第9期《中国石油企业》杂志（总第449期）记者孟丽娜、唐大麟发表"峰峦如聚石油情"。
- 2022年9期，《科学家》杂志记者叶雨发表"李德生：踏遍祖国的每一个油区"。

对以上各家媒体记者的辛勤工作和笔耕，我深表感谢。

感谢媒体 CCTV3 播出《我的艺术清单——李德生》节目

2023 年 5 月 12 日我应约，由小女儿李玉博士陪同，在我院主楼 330 办公室与 CCTV3 石睿导演、节目负责人赵凡女士、摄影师宗柏成、我院专家室主管王凤江、院士工作室张延玲主任及康楚娟进行拍摄节目前期沟通。5 月 16 日，我们前往位于大兴的 CCTV3 演播厅。由 CCTV3 主持人朱迅和我进入访谈。首先，由中国石油大学（北京）教职工合唱团演唱《我为祖国献石油》，把我带回到一个个石油大会战的现场。歌词中"头顶天山鹅毛雪"指的是克拉玛依油田；"面对戈壁大风沙"指的是玉门油田；"嘉陵江边迎朝霞"指的是川中油田；"昆仑山下送晚霞"指的是柴达木油田；"茫茫草原立井架"指的是大庆油田；"云雾深处把井打"指的是四川气田。朱迅拿出我用过的指南针（罗盘仪），她介绍说"这是李老在 1945 年用他在重庆中央大学毕业后第一个月的工资买的，这罗盘陪伴李老参加过八次石油会战"。朱迅还展示了我带去的两本日记，一本中文，一本英文。她说李老的几百本日记尽显一位科学家的严谨认真。当北京少年合唱团唱起以西湖（我夫人朱琪昌是杭州人）为背景的《送别》时，女儿李玉博士讲起 1960 年妈妈到北京百货大楼购买星海牌钢琴的往事。尽管当时物质贫乏，但精神与艺术尽显朱琪昌相夫教子的智慧。接着，由翁雨荷、赵阳、初墨妮、郑文婷和马艺菲等中央音乐学院师生演奏小提琴协奏曲《梁祝》，优美的旋律引起了我的回忆。1945 年我从中央大学毕业去玉门油田前，用领到的第一笔工资除了购买了罗盘，还买了一条羊毛毯，并将毛毯送给当时还是女朋友的同学朱琪昌。虽然我的夫人朱琪昌已于 2020 年 5 月去世，但我们的情义绵长。每每到妻子墓前，家人都会播放《梁祝》，再在送花和鞠躬时合唱《送别》，表达对朱琪昌的怀念与不舍，还在离开前合唱《我为祖国献石油》，歌颂我们为国找油的一生。最后屏幕展示出我在 1945 年手绘的素描作品《嘉峪关》，嘉峪关是通往玉门油矿的必经之路。我当年没有照相机，我高中的美术老师孙多慈曾经是徐悲鸿先生的学生。由于战时条件所限，她只能用素描教学生画静物和人物。中央大学地理系的教授丁骕讲授地貌学，我从他那里学会了画山、画水、画树林。我将要出版的素描集共收集了 1941 ～ 1962 年 146 幅素描作品。记录了我的艺术与情怀，更是一段珍贵的历史。

"立志、敬业、勤奋、真言"是我的箴言。我的两位学生蔚远江博士和李伯华博士陪同参加了节目。他们分享了对这八个字的体会。我自 1983 年到 2008 年，每年招收一名研究生，共培养了 25 位硕士、博士及博士后。他们都做得很好，成为石油地质方面的栋梁之材。其中一位学生赵文智、中国工程院院士，感言道"今天晚上我看了 CCTV3 李德生院士的艺术清单节目。时近午夜，却夜不成眠。节目通篇都充满真诚、真情、真言和真大学问！我看后既感动，又钦佩。感动李老师对我们 25 位学生的充分肯定，李老师对他相濡以沫一生的伴侣，我们尊敬的朱老师，永远都是理解、呵护、尊重，及晚年的

陪伴。即便如今他与朱老师天人两隔，但李老师心中最圣洁的地方永远为自己一生的挚爱留有永不被占据的空间。这是一份随时间永不褪色的纯情和坚守，值得我们后生永远学习"。赵文智还说道："李老师在节目里讲的每一句话，我都能理解，像涓涓细流，流入心田，润物无声，需要我们认真学习、体会，努力学习李老师精神的真谛。我们愿意沿着老师的足迹，接踵前行，为国家贡献真本事，拿出正能量、硬功夫"。

感谢"2022 年度中国最美科技工作者奖"。

央视新闻 2023 年 7 月 20 日报道，为深入贯彻落实党的二十大精神，激励广大科技工作者立足两个大局，心怀"国之大者"，坚持"四个面向"，加快建设世界重要人才中心和创新高地，中央宣传部、中国科协、科技部、中国科学院、中国工程院、国家国防科工局六部门向全社会公开发布 2022 年"最美科技工作者"先进事迹。由央视 CCTV13《闪亮的名字》节目以"科技强国，强国有我"为主题颁奖，央视新闻、央视频、央视网等新闻媒体同步直播。7 月 11 日下午 3 点我由李玉和李伯华陪同在央视演播大厅与其他 9 位全国获奖人一起上台领奖。获奖后，央视主持人王宁女士在台上对我进行了访谈。我谈了两个问题：一是我的人生格言：立志、敬业、勤奋、真言。二是我对青年人的希望。我也想以此作为我的百岁活动结语，即希望青年一代为"双碳"目标而努力奋斗。

最后我和我的子女们对两会嘉宾及各单位赠送的贺信、贺词、贺匾、贺文表示感谢。对中国科学院院长侯建国的贺信，全国人大常委会副委员长丁仲礼的贺匾，中石化集团董事长、中国工程院院士马永生亲自来家中贺寿并写下贺词，原石油部副部长李敬书赠贺匾及贺信，中石油股份公司原副总裁兼前院长沈平平教授、前院长赵文智院士以及李宁院士、北京大学周其仁教授、梁红夫妇到家中贺寿并送贺词，中国科学院院士李廷栋、杨树峰、汪集暘、王颖送贺词贺文，原中石油总经济师周庆祖贺文，中国石油开发生产局原副总工程师潘兴国贺词，美国华人石油协会 2006 年会长刘锡进博士贺匾，石油科学研究院原院长张俊女儿张玉凤和女婿刘文华写来贺信，以及我曾经的助手王喜双及学生张兴、罗群、李伯华和老同事张传淦女儿张尔平等的贺文表示感谢！对《寿登期颐　德厚生光——李德生院士百岁寿辰纪念集》的文章作者、指导委员会、主编及编委表示感谢。特别对主编及学生蔚远江博士不辞辛劳，认真不怠的编辑工作表示感谢。

李德生　携子女谨谢！

2023 年 8 月 1 日